Otto Benndorf

Die Metopen von Selinunt

mit Untersuchungen über die Geschichte der Topographie und die Tempel

von Selinunt

Otto Benndorf

Die Metopen von Selinunt
mit Untersuchungen über die Geschichte der Topographie und die Tempel von Selinunt

ISBN/EAN: 9783743652767

Hergestellt in Europa, USA, Kanada, Australien, Japan

Cover: Foto ©ninafisch / pixelio.de

Weitere Bücher finden Sie auf **www.hansebooks.com**

DIE METOPEN VON SELINVNT

MIT VNTERSVCHVNGEN

VEBER

DIE GESCHICHTE DIE TOPOGRAPHIE VND DIE TEMPEL

VON

SELINVNT

VEROEFFENTLICHT

VON

OTTO BENNDORF

BERLIN
VERLAG VON I. GVTTENTAG (D. COLLIN

1873

FRIEDRICH RITSCHL

GEWIDMET

Von allen historisch bedeutenden griechischen Sculpturwerken Italiens sind die im Museum von Palermo befindlichen Metopen-Reliefs von Selinunt am wenigsten bekannt. Obwohl sie in jeder griechischen Kunstgeschichte den Reigen der Monumente zu eröffnen pflegen, ist ihnen eine gründliche Untersuchung an Ort und Stelle mit Rücksicht auf ihre geschichtliche Bedeutung, seit der Zeit ihrer Entdeckung nicht wieder gewidmet worden. Nur ein Theil von ihnen ist in Gipsabgüssen vervielfältigt, und gerade die hervorragendsten Stücke sind nur in Abbildungen verbreitet, welche von ihrem Stil ungenügende Vorstellung geben. Auch über die Geschichte ihrer Entdeckung, über die Bedeutung ihrer Gegenstände, über die Art ihrer Technik, ihres äussern Schmucks und ihrer ursprünglichen Verwendung herrschen unbegründete Ansichten, welche durch Fortpflanzung aus einer Darstellung in die andere populär geworden sind.

Aus diesen Gründen erschien es mir wünschenswerth die Metopen von Selinunt, mit den Ergebnissen einer genaueren Beobachtung und mit Benutzung des wichtigsten wissenschaftlichen Materials, in zuverlässigeren Abbildungen wieder zu veröffentlichen. Während eines zweimaligen Aufenthaltes in Palermo und Selinunt habe ich mich bemüht, alle dafür nöthigen Vorbereitungen zu treffen. Durch eine glückliche Fügung hatte ich mich in Selinunt des lehrreichen Verkehrs mit dem Aufseher der sicilianischen Alterthümer, Herrn Dr Saverio Cavallari zu erfreuen, als er gerade Ausgrabungen veranstaltete, und konnte gemeinsam mit ihm die Topographie der Stadt einer neuen Prüfung unterziehen. Durch seine und Herrn Professor Antonino Salinas' freundliche Vermittlung wurde mir im Museum von Palermo trotz ungünstiger Umstände ein mehrwöchentliches Studium ermöglicht, welchem noch frische Eindrücke eines Aufenthalts in Athen, wie ich hoffe, nützlich gewesen sind. Ein Palermitaner Photograph, Loforte, führte nach den Originalen möglichst unter demselben Gesichtswinkel und in gleicher Grösse wohlgelungene Photographien aus, und nach diesen sind, unter gelegentlicher Benutzung skizzirter Zeichnungen, in thunlichster Treue die vorliegenden Lithographien ausgeführt worden.

Die Mängel welche diesem Verfahren der Wiedergabe anhaften, sollen nicht verhehlt werden. Photographien nach so vielfach beschädigten, überdies nicht in homogenem Material gearbeiteten Sculpturen haben, neben den allgemeinen Fehlern welche das Verfahren der Photographie an sich bedingt, den unleugbaren Nachtheil, dass sie die zufälligen Verletzungen in derselben Stärke zum Auge sprechen lassen wie die unversehrten Formen, und das Relief in einer die Deutlichkeit beeinträchtigenden Schärfe der Lichtwirkung hervorheben. Die Lithographie kann dieses störende Verhältniss nur mildern, nicht beseitigen: sie muss, wenn sie anders auf Unmittelbarkeit nicht verzichten soll, in steter Abhängigkeit von der Photographie bleiben. Indessen könnte die gewöhnlich mit Recht bevorzugte Wiedergabe im Stich in diesem Fall die Aufgabe kaum besser erfüllen, da sie, überall zur Bestimmtheit und zur Tilgung zahlreicher Störungen genöthigt, scheinbar gereinigtere, in Wirklichkeit aber ergänzte Bilder bieten würde, welche für die zu leistende Treue im besten

Fall durch den Reiz einer einheitlichen Auffassung entschädigen. Ich würde mich daher, selbst wenn die Wahl frei gestanden hätte, für das unter den obwaltenden Umständen allein mögliche Verfahren entschieden haben, welches durch die angestrebte Vereinigung der Vorzüge mechanischer und freier Nachbildung, wie ich hoffe, nicht allzuweit hinter billigen Ansprüchen zurückgeblieben ist.

Die erhaltenen Metopen sind mit Ausnahme einer einzigen, welche durch Verwitterung nahezu unkenntlich geworden ist, sämmtlich, und von den Fragmenten, welche vollständig zu untersuchen mir leider nicht gestattet war, wenigstens die wichtigsten Stücke abbildlich mitgetheilt. Für das Fehlende und für manche nicht unwichtige Details, welche keine Publication genügend verdeutlichen kann, muss die Beschreibung ergänzend eintreten. Dieselbe ist, auch in Bezug auf scheinbar bedeutungslose Aeusserlichkeiten, ausführlicher gehalten, als Manchem mit den gegenwärtigen Aufgaben der Kunstforschung weniger Vertrauten wünschenswerth erscheinen mag. Es galt auch hier mit verschärfter Aufmerksamkeit einen grossen Theil von Beobachtungen nachzuholen, welche die frühere, den letzten Endzielen der Untersuchung entgegeneilende Betrachtungsweise veralsäumt hat, und auf diesem Wege die erste Grundlage für die Erklärung und kunstgeschichtliche Betrachtung zu gewinnen. Ein solcher Anspruch schien doppelt gerechtfertigt für diese durch ihr hohes Alter ehrwürdigen Monumente, welche für uns ganze Perioden und Richtungen der alterthümlichen Kunst repräsentiren.

Da eine allseitige Behandlung der Metopen ohne Rücksicht auf die Architectur und den Cultus der Tempel nicht möglich war und die hierauf bezüglichen Fragen von topographischen und geschichtlichen Untersuchungen sich nicht trennen liessen, so hat sich die Arbeit zu einer Monographie über Selinunt erweitert, der ich, mit Ausscheidung alles Unwesentlichen oder Allbekannten, Vollständigkeit zu geben bestrebt gewesen bin. Zu diesem Zweck hat mein verehrter Freund, Herr Dr Imhof-Blumer in Winterthur, sich der während des Erscheinens von Salinas' Werk über die sicilischen Münzen undankbaren Mühe unterzogen, ein kritisches Verzeichniss der selinuntischen Münzen auszuarbeiten, und in verbindlicher Weise mir zur Verfügung gestellt, so dass es im Anhang beigefügt werden konnte.

Die Veröffentlichung hat durch verschiedene ungünstige Umstände eine Verzögerung erfahren, welche ich bedauern würde, wenn es nicht in Folge dessen möglich geworden wäre, die jüngsten wichtigen Nachforschungen in Selinunt zu verwerthen, welche als Frucht vereinter Bemühungen von Cavallari und Adolf Holm im vierten Hefte des »bullettino della commissione di antichità e belle arti di Sicilia« bekannt geworden sind. Ich bekenne mich diesen beiden Gelehrten und meinem Freunde Julius Schubring, welchem das Verdienst gebührt in Selinunt wie an manchem andern Punkt Siciliens die antiquarische Forschung durch neue Anregungen gefördert zu haben, zu lebhaftem Danke verpflichtet, und würde mich freuen, wenn ihnen die folgenden Untersuchungen als Beitrag zur gemeinsamen Arbeit willkommen sein könnten. Schon durch Zuwachs des Stoffs, wie jeder Tag ihn bringen kann, werden sie neuer Prüfung bedürfen; und auf diesem Gebiete, welchem der Natur der Sache nach immer nur Wenige sich widmen können, verschärft sich die Forderung das Vermächtniss des Alterthums mit vereinten Kräften zu erwerben.

Prag, am 1. October 1872.

I

Der westliche Theil der Südküste Siciliens von Marsala bis Sciacca trägt mehr oder weniger den Charakter einer Ebene. Vom Meere an sanft und gleichmässig ansteigend erhebt sie sich einige Meilen weit in das Land hinein und bildet den breiten Fuss eines Höhenzuges, welcher in gerader Richtung von Nordwest nach Südost den Gebirgsstock des Innern abschliesst und bei Trapani mit dem einsam emporragenden Monte S. Giuliano, dem Eryx der Alten, bei Sciacca mit dem steil abfallenden S. Calogero dicht an das Meer stösst. Mit Ausnahme bedeutender Sandflächen zwischen Marsala und Trapani, welche zu Gewinnung von Meersalz benutzt werden, sind die Kalkablagerungen, welche das Grundgestein der Gegend bilden, allenthalben mit gips- und sandhaltigem Erdreich bedeckt, welches zahlreiche Gewässer befruchten, die durch schmale Felsenrinnen und seichte Thalmulden in raschem wechselndem Laufe das Meer suchen und nur zum Theil in den heissesten Sommermonaten versiechen. Fast die ganze von der Natur freigebig mit ihrem besten Segen ausgestattete Gegend ist reich bebaut, und die Bevölkerung ansehnlicher Städte lebt von der Ergiebigkeit des Bodens. Mit besonderm Erfolg wird überall der Wein gezogen, der den Namen von Marsala, wo er für den Export zubereitet wird, berühmt gemacht hat. Weithin um die Städte dehnen sich wohlgepflegte mit Hecken eingefriedigte Gärten aus und wechseln ab mit hochbestandenen Korn- und Maisfeldern, mit Reis- und Baumwollenpflanzungen, mit grossen Anlagen von Orangen- und Mandelbäumen, von Oel- und Eichenwäldern. Selbst die Stellen, welche die Bodencultur nicht erreicht oder verschmäht, sind von einer bunten blühenden Vegetation, in welcher die Cactusfeige vorherrscht, überwuchert.

Der Güte und Mannigfaltigkeit der Bodenerzeugnisse verdankt das Land offenbar seine frühe Colonisation. Selinunt, die erste griechische Pflanzstadt im Westen Siciliens, ist dicht am Meer, ungefähr halbwegs zwischen Mazzara und Sciacca, in der Tiefe einer flachen Meeresbucht gelegen, welche westlich mit Cap Granitola, östlich mit Cap S. Marco abschliesst. Zwei stattliche Flüsse,[1] welche in gleicher Richtung aus dem Gebirg herabkommen, begränzen das Gebiet der Stadt, dicht im Westen der Madiuni, der antike Selinus, an dessen Ufern noch jetzt der Eppich (σέλινον) in Menge gedeiht, etwas entfernter im Osten die Belice oder Hypsas, der als Flussgott häufig auf selinuntischen Münzen erscheint. Ihre Thäler umgürten eine nur wenig erhobene Ebene, welche in geringem stetigem Fall nach der See zu sich abflacht und zwischen ihren Mündungen hufeisenförmig in zwei flache formlose Hügelrücken ausläuft. Diese letzteren tragen die Ruinen von Selinunt. Es sind die gewaltigen Ueberreste von sieben dorischen Tempeln, welche als Wahrzeichen der Gegend weithin sichtbar, von der einstigen Grösse der Stadt zeugen.

[1] A. Holm Beiträge zur Berichtigung der Karte des alten Siciliens (Lübeck 1866) p. 15.

Nirgends in ganz Italien tritt das griechische Alterthum so abgeschlossen, in so erstaunlicher Vernichtung entgegen wie auf den Trümmerfeldern von Selinunt, und in den Berichten aller Reisenden spiegelt sich die grossartige Melancholie dieses Eindruckes wieder.[1] Seit undenklichen Zeiten ist die ehemals dicht bewohnte Gegend von Menschen verlassen und zu einer Einöde geworden, welche traurig absticht gegen den glücklichen Reichthum ihrer Umgebung. Früher lag in einem Wachtthurm auf dem westlichen Hügel eine Militärbesatzung, welche die afrikanischen Seeräuber zu beobachten und zu signalisiren hatte.[2] Gegenwärtig sind nur einige zerstreute dürftige Hütten von Taglöhnern und Landleuten bewohnt, welche die Spuren der Fieberluft, die hier in den Sommermonaten herrscht, in den bleichen Gesichtern tragen. Wohin man sieht, dehnt sich baumlose Fläche, an einigen Orten spärlich bebaut, grösstentheils von niederem Gestrüpp, von Disteln und buschigen Zwergpalmen, von Ginster und wilden Rosen überzogen. Dazwischen stehen weite leere Stellen von gelbem Sand, welchen der wogende Seegang seit Jahrhunderten an den Ufern aufschichtet und mächtige Sciroccostürme in das Land weben. Die ganz entlegene Stätte scheint von allem Leben verlassen; kaum dass ein Segel die weite Fläche des Meeres belebt, welches in monotoner Bewegung über Untiefen und kahle Klippen an den Strand heranrauscht.

Mitten in solcher Einsamkeit ruhen die Heiligthümer der Stadt, in einer Verwüstung wie man sie nur der Kraft von Erdbeben zuschreiben mag. Ueber dem Fussboden jedes Tempels sind die Trommeln und Kapitelle der Säulen, die colossalen Gebälkstücke und Blöcke der Cellamauern bunt durcheinander aufgehäuft, so dass es auf den ersten Blick unmöglich erscheint, zusammengehörige Theile herauszufinden. Einige Säulen allein haben der Zerstörung widerstanden und ragen wie Thürme aufrecht aus der Masse hervor: es sind die Pfeiler der Giganten (i pilieri dei Giganti), wie sie der Volksmund nennt. Andere sind in derselben Ordnung, wie sie standen, niedergefallen und liegen, mit zerstückten Gliedern, in einer Reihe da. Die Mehrzahl hat ihre Bestandtheile nach innen und aussen in alle Richtungen verschleudert; bis auf hundert Schritt weit sind einzelne Stücke verschlagen und haben sich in den Boden eingedrückt, wo sie vom Flugsande immer tiefer begraben werden. Ueberall aber hat die Natur von den Ruinen Besitz ergriffen. Feigenbäume wachsen dazwischen in die Höhe, wilder Wein und Epheu rankt sich die Canelluren der Säulen entlang, allerhand Gräser und Blumen gedeihen in den Höhlungen der Steine. In den klaffenden Tiefen bergen sich Eidechsen und Schlangen in Menge. Raubvögel welche Beute suchen, schweben des Abends kreischend über der Trümmerstätte.

Wo ein so bedeutendes Stück Alterthum sich erhalten hat, ist der Wunsch natürlich, sich durch die Ueberlieferung in dem Vorhandenen zu orientiren und das Vorhandene zur Verdeutlichung der Geschichte zu verwerthen. Die Phantasie fühlt sich angeregt, aus den Bruchstücken welche der Zufall übrig liess, die Ordnung des gewesenen Ganzen wiederherzustellen, aus den gegenwärtigen Elementen gleichsam die glänzende Vergangenheit wieder aufzubauen. In diesem Geschäft pflegt sie um so dringlicher zu verfahren, je verwickelter die Räthsel vorliegen und je unbehaglicher sich ihnen gegenüber der Zustand des Nichtwissens geltend macht. In Folge dessen ist vielleicht auf keinem

---

[1] Vergl. Kephalides Reise durch Italien und Sizilien I p. 758 folg. Speyer Bilder italienischen Lebens II p. 187. Löher Sizilien und Neapel I p. 140 folg. Gregorovius Siciliana p. 167 folg. Hoffweiler und Metzner, Sizilien p. 115 folg.

[2] Noch im Jahr 1804 sah Schinkel in Selinunt eine Barke aus Trapani, von einem afrikanischen Fahrzeuge verfolgt, unter die Kanonen des Thurms sich flüchten, A. von Wolzogen aus Schinkels Nachlass I p. 124. Hittorff recueil des monuments de Segeste et de Selinonte p. 66, 2: «dans l'année 1833 des corsaires tunisiens avaient encore fait des descentes en Sicile et étaient parvenus, par leurs ruses et leur hardiesse, à enlever des bestiaux et des pâtres.»

andern Gebiet antiquarischer Forschung von jeher soviel Scharfsinn nutzlos verschwendet worden. Seit den Zeiten der Renaissance wird antike Topographie überall in Italien, nicht selten als schlechthin gleichbedeutend mit historischem Wissen, in überraschender Angelegentlichkeit gepflegt und ist hier unter dem Einfluss localer Interessen, in den Händen eines geschäftigen Dilettantismus, man darf wohl sagen zu einer Zuchtlosigkeit ausgebildet worden, an deren Folgen die Archäologie noch jetzt leidet. Freilich hat man, seitdem durch Niebuhr an dem grössten topographischen Stoff, an der Darstellung des alten Rom, die Nothwendigkeit einer historischen Behandlung nachgewiesen war, mit dem antiquarischen Geiste dieser Studien gebrochen. Das Entstehen und allmähliche Anwachsen einer Stadt, die Unterschiede der Epochen in den angewandten Bauweisen, überhaupt alle Umgestaltungen der Zeit werden mit grösserer Strenge beobachtet; die Beschreibungen einer Localität gehen darauf aus, einen Einblick in ihre Geschichte zu geben; die schriftstellerischen und inschriftlichen Zeugnisse kommen mit grösserer Vorsicht zur Verwerthung und die Untersuchung ist überall bemüht, nicht bloss örtlich, sondern zeitlich zu reconstruiren. Allein dieses richtige Princip ist durch Mangel an wissenschaftlichem Tact vielfach beeinträchtigt worden. Wenn man das historische Verfahren auf Orte übertrug, welche ein geschichtliches Interesse nicht darbieten oder in einer Ausführlichkeit anwandte, zu welcher weder die literarische Ueberlieferung noch der Bestand des an Ort und Stelle Erhaltenen berechtigte, so konnten mit grösserem oder geringerem Antheil an Wahrheit topographische Dichtungen entstehn, welche jene alte unfruchtbare Wissbegierde im Grunde nur in einer feineren Form wieder befriedigten. In der That kann es mitunter scheinen, als ob die Topographie zwar die Verfassung gewechselt habe, aber noch immer unter einer ähnlichen Anarchie willkürlicher Annahmen leide.

Auch in Selinunt steht es ähnlich.[1]) Die Phantasien früherer Reisender und manche Irrthümer, die sich Geltung verschafft hatten, sind gegenwärtig abgethan. Die mit fanatischem Patriotismus noch in diesem Jahrhundert verfochtene Meinung der Gelehrten von Mazzara, welche den Ruhm des Namens von Selinunt für ihre Stadt in Anspruch nahmen,[2]) ist der verdienten Vergessenheit anheimgefallen — und solchen Abenteuerlichkeiten gegenüber bezeichnen die neuesten Untersuchungen selbstverständlich einen bedeutenden Fortschritt. Wenn sie aber den Versuch wagen, die überaus fragmentarische Ueberlieferung zu ergänzen und ein einheitliches Bild der Stadt zu entwerfen, so lässt sich trotz aller Anerkennung der aufgebotenen Mittel doch nur sagen, dass sie zwar eine auf den ersten Blick ansprechende Ordnung herstellen, thatsächlich aber die Erkenntniss eher verwirren als erweitern. Was sich nach sorgfältiger Prüfung der Oertlichkeit und ihrer Alterthümer einigermassen wissen lasst, erscheint überaus gering, und diese enggezogene Gränze soll, selbst auf die Gefahr eines scheinbaren Rückschrittes hin, in der folgenden Darstellung gewissenhaft eingehalten werden. Ein rascher orientirender Blick auf die Geschichte von Selinunt[3]) muss ihr voraufgehen.

---

[1]) Ueber die Topographie von Selinunt handeln: d'Orville Siculus p. 65 folg. Reinganum Selinus und sein Gebiet, Leipzig 1827. Serradifalco antichità della Sicilia II p. 12 folg. Salv. Russo Ferrugia cenno storico sull' antica città di Selinunte, Trapani 1833. 4° (mir nicht zugänglich). Niccolo Maggiore ricordi archeologici d'un viaggio fatto a Girgenti, Selinunte, Erice e Segesta in Giornale di scienze lettere ed arti per la Sicilia tom. XLVI Palermo 1834 p. 44 folg. C. W. Göttling gesammelte Abhandlungen II p. 78 folg. über Selinunt und seine Tempelruinen. J. Schubring die Topographie der Stadt Selinus in den Nachrichten der Göttinger Gesellschaft der Wissenschaften 1865 p. 401 folg.

Die neueste zuverlässige Besprechung ist gegeben von A. Holm im bullettino della commissione di antichità e belle arti di Sicilia no. IV (Palermo 1871) p. 2 folg

[2]) Nic. Ant. de Alfonso Federici istoria di Selinunte e Mazzara (handschriftlich auf der Communalbibliothek von Palermo). Gasp. Sansone Selinunte difesa dalle falsità contro essa dimostrate, Palermo 1751. 4°. Vito Pugliese topografia di Selinunte, Palermo 1813. 8°. — Den Nachweis der wahren Lage hatte schon Fazello gegeben. Graevius thesaurus antiquitatum Siciliae IV p 167. 168.

[3]) Die Belege finden sich am vollständigsten gesam-

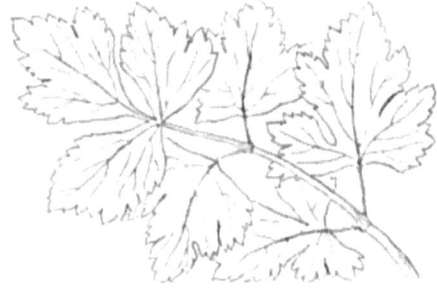

II

Selinunt hat sich nie zu der Bedeutung einer Stadt erhoben, welche befähigt gewesen wäre, selbständig in die Geschicke der alten Welt einzugreifen: seine Geschichte, wie sie in gelegentlichen zusammenhanglosen Berichten vorliegt, ist in die Aufgaben und Schicksale grösserer Staaten verflochten. Wie alle günstig gelegenen Colonien in erstaunlich raschem Anwachsen und verhängnissvoller Steigerung von Macht und Reichthum begriffen, liess es sich zu Ansprüchen verleiten, welche eine frühe schwere Niederlage hervorriefen, dagegen in der entscheidenden Zeit ohne nachhaltige Widerstandskraft finden, welche einen neuen Aufschwung hätte begründen können. Mit der ersten Zerstörung durch die Karthager im Jahre 409 hat es jede politische Bedeutung, mit der zweiten im Jahre 249 seine staatliche Existenz eingebüsst. Für das spätere Alterthum war es, wie Mykenai, eine Ruine vergessener Zeiten.

Selinunt ist von einer dorischen Colonie im Norden von Syrakus, von Megara Hyblaia, nach Diodor im Jahr 651, nach einer Combination anderer Angaben denen die neuere Forschung[1] grössere Zuverlässigkeit beimisst, ungefähr im Jahre 628 gegründet worden. Nach alter Sitte wurde das Feuer des Staatsheerds und der Cultus der Götter, welche die neue Colonie begleiteten, aus der hellenischen Mutterstadt Megara eingeholt. Unter der Führung des von dort gesandten Oikisten Pammilos wagten sich die Ansiedler in ein entferntes, noch nicht besetztes Gebiet der Insel, welches den Phönikiern, die sich unter dem stetigen Vordringen der Griechen auf die Westküste zurückzogen, allem Anschein nach erst abzugewinnen war. Wie die Mutterstadt Megara sich um eine doppelte Akropolis ausbreitete, so war es ein Paar benachbarter Hügel, auf dem sie die Gründung vollzogen.[2] Geeignetes, leicht zu gewinnendes Baumaterial trafen sie an Ort und Stelle oder in unmittelbarer Nähe, und bald bezeugten ihre Tempel, dass hellenische Gottheiten vom Lande Besitz

---

melt von Reinganum a. o. O. p. 161—176, und Brunet de Presle recherches sur les établissements des Grecs en Sicile, Paris 1845. Einige Nachträge hat A. Holm Geschichte Siciliens im Alterthum I und im bullettino della commissione di antichità e belle arti di Sicilia no. IV p. 2 folg. gegeben.

[1] A. Holm Geschichte Siciliens p. 881 folg. E. Wölfflin Antiochos von Syrakus p. 6 folg.

[2] Dicht am Meer, vergl. Thucyd. 1 7, 1: τῶν δὲ πόλεων ὅσαι μὲν νεώτατα ᾠκίσθησαν καὶ ἤδη πλωιμωτέρων ὄντων, περιουσίας μᾶλλον ἐχούσας χρημάτων ἐπ' αὐτοῖς τοῖς αἰγιαλοῖς τείχεσιν ἐκτίζοντο. Nach den Regeln Vitruv's I 4, 1 wäre die gewählte Lage in mehr als einer Beziehung ungünstig.

ergriffen hatten. Die Stadt benannte sich nach dem nahen Selinusflusse,[1]) an dessen Ufern sie den Siegerpreis der heimathlichen isthmischen Spiele, den Eppich, wiedergefunden hatten, und wählte, als Symbol ihres Namens und zugleich als glückverkündendes Zeichen, ein Eppichblatt zum Wappen ihrer Münzen.

Auf der Südküste Siciliens bildete Selinunt den vorgeschobensten und bis zur Gründung von Akragas einsamsten Posten der griechischen Cultur. Schwerer als ihn zu gewinnen, mochte es fallen, ihn gegen die jederzeit drohenden Stämme im Innern, denen der Besitz der fruchtbaren Küstenebene abgeschnitten war, und gegen den Erbfeind im Westen zu sichern und zu behaupten. Von diesen Anfängen schweigt die Ueberlieferung. Selinunt tritt sofort als fertiger Staat entgegen, im Besitz aller Vortheile seiner Lage und aller Erfolge einer emsigen colonisatorischen Thätigkeit. Ein reger Verkehr zu Lande unterhielt die nothwendige Fühlung mit den griechischen Colonien des Ostens — noch in später Zeit führte ein Thor von Akrai den Namen von Selinunt — und unter dem Schutz einer kleinen Kriegsflotte, welche die Unternehmungen der Landmacht öfters zu unterstützen hatte, entwickelte sich ein bedeutender Handel zur See, welcher die Fülle der Landesproducte ausführte. In der sonnigen Ebene gedieh namentlich der Waizen vorzüglich; zufälligerweise werden sonst nur selinuntische Erde und Kreide als Exportartikel genannt. Wie in dem benachbarten Akragas wurde die Rossezucht gepflegt; Reiterei bildete den tüchtigsten Theil des Heeres, und allem Anschein nach[2], war man durch Wagensiege an dem Glanze betheiligt, welchen Sicilien vor den Augen Griechenlands in Olympia entfaltete. In jeder Weise hatte die Colonie Antheil an dem begeisterten Lobe, mit welchem Pindar[3] Sicilien verherrlicht, als das herrliche Brautgeschenk vom Herrscher des Olymp an Persephone gegeben und ausgezeichnet durch fruchtschweren Boden, durch reichthronende Städte, durch reisiges Volk, das des erzgerüsteten Kriegs gedenkt und oft sich mit des olympischen Oelbaums goldenen Blättern kränzt.

Der aus unerschöpflichen Quellen gewonnene Reichthum begründete eine glanzvollere Entwickelung des öffentlichen Lebens, als die einfache dorische Sitte der Heimath zuliess. Mit der Bürgerschaft, welche verstärkt durch verschiedenartigen Zuzug, sich unter so günstigen Verhältnissen in ungewöhnlicher Weise vermehrte, erweiterte sich die Stadt. Grosse Wasserbauten welche die Sage auf Empedokles zurückführt, verbesserten die ungesunde sumpfige Umgebung. In schönerem Stil und mit dem vollen Schmuck der Kunst ausgestattet, erhoben sich neue grossartige Tempel, welche Schätze bargen, von denen man selbst in Athen mit Anerkennung sprach. Goldene Weihgeschenke in Delphi und ein eigenes Schatzhaus in Olympia zeugten für ganz Hellas von dem erworbenen Wohlstande, der sich ehrgeizig in den höchsten Leistungen bethätigte. Denn wie jede grössere Stadt das allgemeine hellenische Lebensideal mit ihren Mitteln allseitig und harmonisch darstellte, so kamen auch hier Kunst und Literatur, Politik und Staatsleben zu eigenthümlicher Ausbildung. Aus der buntgemischten Bevölkerung von Matrosen, Handwerkern und Landbauern mochte Aristoxenos die Motive seiner Dichtungen gewinnen, die ihn als Begründer der sicilischen Komödie erscheinen liessen. Im Dithyrambus konnte Telestes in Athen den Preis erringen. Die Höhe der bildenden Künste lässt sich nach dem Erhaltenen ahnen, und die Geschichte der Stadt zeigt ein über die unmittelbaren Interessen der Gemeinde hinaus entwickeltes Parteileben, dessen Hauptfrage

---

[1]) Stephanus Byz. p. 6t. 11 ed. Meineke φησί γάρ Δούρις (Müller fragm. histor. II p. 480, 46.) ότι αἱ πλείσται τῶν Σικελῶν πόλεων ἐκ τῶν ποταμῶν ὀνομάζονται, Συρακούσας Γέλαν Ἱμέραν Σελινοῦντα κτλ. vgl. Meineke vindiciae Strab. p. 63.

[2]) Vergl. die Münztypen mit einer Quadriga und Siegerkranz No. 11, 30 und 31 im Anhang, und Pausanias VI 19, 7.

[3]) Pindar Nem. I 16 folg.

die Stellung zu Karthago und Syrakus, in der innern Politik das alte Problem der Demokratie blieb. Wie anderwärts wagten Tyrannen und gefeierte Tyrannenmörder ihre Lösungsversuche, wurde zur Ableitung drohender Gefahren das Hilfsmittel der Coloniegründung ergriffen. Herakleia Minoa an der Mündung des Halykos ist eine Pflanzstadt von Selinunt. Trotz aller Kraftentfaltung aber blieb das Gebiet über das man dauernd gebot, verhältnissmässig klein; bei der vornehmen Abgeschlossenheit, in der man sich zu den barbarischen Nachbarn verhielt, schritt die friedliche Eroberung der überlegenen Cultur nicht weiter als die Macht des Schwertes reichte. Im Norden bildete das Gebirgsland der Elymer von Segesta und die Sikanerstadt Halikyae, im Osten der wie ein Riegel vorgeschobene S. Calogeroberg mit seinen der Sage nach von Daedalus eröffneten Heilquellen, den thermae Selinuntinae, die festen natürlichen Gränzen. In der offenen westlichen Ebene entstand an dem Flusse Mazzara, welcher eine Strecke weit vor seinem Eintritt ins Meer canalartig vertieft ist,¹) ein Grenzcastell zum Schutz gegen die mächtige karthagische Inselstadt Motye.

Ueber diesen Besitzstand unzufrieden finden wir Selinunt in der 50. Olympiade mit dem benachbarten Segesta in einem Kampfe, in welchem es, obwohl unterstützt durch Knidier und Rhodier die sich in der Nähe niederlassen wollten, unterliegt. Ebenso unrühmlich tritt es in dem grossen Kampfe auf, welcher die sicilischen Griechen — gleichzeitig mit dem Befreiungskrieg von persischer Herschaft im Mutterlande — unter der Führung von Syrakus gegen die mit Persien verbundenen Punier vereinigte. Selinunt war Bundesgenosse von Karthago — es lässt sich nicht entscheiden, ob gezwungen oder freiwillig, etwa aus Hass gegen Gelon, welcher einige Jahre zuvor, um die Machtstellung von Syrakus zu vergrössern, Megara Hyblaia zerstört und aufgehoben hatte. Indessen ging es aus dieser gefahrvollen Stellung ohne Nachtheil hervor. Der glänzende Sieg welchen Gelon bei Himera über das grossartige Heer Hamilkars erfocht, und die massvolle Haltung die er gegen alle Besiegten beobachtete, gewährte die Möglichkeit, sich an die eben erstandene erste Grossmacht der Insel, an Syrakus, rasch und eng anzuschliessen. In der That sehen wir die Selinuntier seit dem Jahre 467, wo sie die Syrakusaner gegen den Tyrannen Thrasybulos unterstützten, fortwährend treubefreundet auf ihrer Seite. Unter dem wirksamen Schutz, welchen diese naturgemässe Anlehnung gewährte, erreichten sie den Höhepunkt ihrer Macht im fünften Jahrhundert.

Indessen währte die alte Feindschaft mit Segesta, welche allem Anschein nach²) dem Besitz der fruchtbaren westlichen Ebene galt, mit kurzen Unterbrechungen erfolglos fort. Ueber ein Stück Land am Mazzarafluss kam es im Jahre 454 zu heftiger Schlacht, aus welcher beide Theile mit starken Verlusten aber ungeschwächtem Ehrgeiz hervorgingen; und an der nämlichen Stelle noch entbrannte ein halbes Jahrhundert später, im Jahre 416, ein neuer Kampf, welchen die Selinuntier durch Besitzergreifen fremden Gebietes hervorgerufen hatten. Mit Hilfe von Syrakus gelang es ihnen diesmal sich zu Wasser und zu Land siegreich gegen Segesta zu behaupten, aber sie beschworen mit diesem Siege eine gefahrvolle Intervention. Nach einem vergeblichen Versuche in Karthago, wandten sich die Segestaeer mit der Bitte um Beistand erfolgreich an Athen. Die sicilische Expedition der Athener, welche die Selbständigkeit aller dorischen Colonien der Insel bedrohte, war ausdrücklich auch gegen die Selinuntier gerichtet. Da dieselbe durch eine glückliche Fügung, dem ursprünglichen Plane entgegen, sich gegen Syrakus concentrirte, so blieben sie zwar vor unmittelbarer Bedrängniss verschont; aber der wiederholte energische Beistand, den sie der befreundeten Stadt leisteten, bewies wie sehr die Gefahr, in der sie schwebte, im Grunde ihre eigene war.

¹) Göttling a. a. O. p. 82. Schubring a. a. O. p. 436 »sechs Milben vom Meer den Fluss herauf befinden sich die Ruinen eines zweiten Grenzcastells Namens Castellaccio«.   ²) Vergl. die Ausführungen unter VI.

Nach der Vernichtung des athenischen Heeres konnten sie es wagen, mit Syrakus den Kampf gegen Athen im aegäischen Meere fortzusetzen.

Das Scheitern der sicilischen Expedition veranlasste Segesta im Jahre 410 an die Selinuntier das streitige Land freiwillig herauszugeben. Allein diese waren nicht mehr damit zufrieden und nahmen ein neues Stück ihres Gebietes mit Gewalt hinweg. Erbittert suchten die Segestaeer Hilfe bei den Karthagern. Diesen war jetzt, wo eine Betheiligung Griechenlands nicht mehr zu befürchten stand, der Anlass willkommen, nach langer Ruhe wieder in die sicilischen Angelegenheiten einzugreifen. Während sie mit Selinunt und Syrakus um eine friedliche Beilegung des Streites verhandelten, betrieben sie die Ausrüstung eines bedeutenden Heeres; mit diesem setzte Hannibal, der Enkel des bei Himera geschlagenen Hamilkar, im Frühling des Jahres 409 nach Lilybaeum über, um in raschem Zuge auf Selinunt vorzurücken. Mit hohen Thürmen und eisernen Sturmböcken belagerte er die überraschte Stadt, welche bei dem mangelhaften Zustande ihrer Befestigungswerke nur auf Entsatz hoffen konnte, den sie schleunig von Syrakus, Gela und Akragas erbat. Sie vertheidigte sich tapfer neun Tage lang; aber sie vermochte sich, da die zugesagte Hilfe wider alles Erwarten ausblieb, nicht länger gegen die Uebermacht zu halten. Es gelang Hannibal an einer Stelle die Stadtmauer zu durchbrechen und nach einem hartnäckigen Strassenkampf, an welchem sich die ganze Einwohnerschaft mit allen Mitteln der Abwehr betheiligte, auf dem Markte des Widerstandes Herr zu werden. Hier richteten seine Söldner ein Blutbad an, dessen Greuel unauslöschlich in der Erinnerung der Griechen fortlebten: 16000 wurden erschlagen, 5000 gefangen genommen; nur eine verhältnissmässig kleine Zahl konnte sich nach Akragas durchschlagen oder zur See entweichen. Ein grosser Theil der Stadt ward ein Raub der Flammen, ihre Mauern riss man nieder, und nur durch die Fürsprache der endlich eingetroffenen Syrakusaner und des karthagisch gesinnten Selinuntiers Empedion liess Hannibal sich abhalten, sie völlig zu vernichten. Er gab schliesslich die Kriegsgefangenen frei und gestattete den Entflohenen die Rückkehr unter der Bedingung der Tributpflichtigkeit nach Karthago. So konnte Selinunt wieder hergestellt werden; der Syrakusaner Hermokrates, welcher die Flüchtlinge von allen Seiten zurückrief und in Kurzem eine Mannschaft von 6000 zusammenbrachte, leitete die Neugründung und befestigte einen Theil des Stadtgebietes wieder. Aber die erlittenen Verluste waren zu gross, als dass ein Wiederaufleben zur alten Bedeutung möglich gewesen wäre. Der frühere Reichthum scheint wie mit einem Male verschwunden; statt der alten schweren Münze musste man sich mit umgeprägtem fremdem Gelde begnügen.

In den wechselreichen Kämpfen, welche die Karthager in den beiden folgenden Jahrhunderten mit Syrakus, mit Pyrrhos und den Römern um die Herrschaft in Sicilien führten, hat Selinunt eine hervortretende Rolle nicht gespielt und nur vorübergehend einen Schein von Selbständigkeit behaupten können. Im ersten punischen Krieg, im Jahr 249, wurde es zum zweiten Male von den Karthagern zerstört und die Einwohnerschaft nach Lilybaeum verpflanzt. Ausdrücklich bemerkt Strabo, dass das Gebiet der Stadt zu seiner Zeit nicht mehr bewohnt war. Nur die Tempel der Götter überdauerten ihren Fall; sie standen noch lange dem Cultus und in später Zeit der profanen Benutzung offen.[1]) Ihre Zerstörung, welche abwechselnd den Karthagern oder einer fingirten Eroberung Selinunts im Jahre 827[2]) zugeschrieben wird, kann nur in Folge natürlicher Gewalt

---

[1]) In Tempel D und A finden sich Verbindungsmauern zwischen Säulen des Peristyls, im letztern die Ueberreste eines Thurmes, einer Wendeltreppe und einer Capelle; im Tempel C kamen die Trümmer eines kleinen eingebauten Hauses zum Vorschein: Alles aus sehr später, nicht näher bestimmbarer Zeit.

[2] Amari storia dei Musulmanni I p. 134 folg. weist diese angebliche Ueberlieferung als eine Fiction nach.

stattgefunden haben, durch eines jener Erdbeben,[1] von denen jene Gegenden bis in neuere Zeit vielfach heimgesucht worden sind. Ihre Ruinen, nach denen sich ein Dorf, das im 12. Jahrhundert hier erwähnt wird, Rahl-es Asnàm, borgo degli idoli benannte, blieben das einzige Zeugniss von Selinunt, und in den langen Jahrhunderten geschichtlicher Vergessenheit schwand sogar die Spur des alten Namens.

III

Die frühzeitige Zerstörung erklärt hinlänglich, wie die Stadt, von den Tempeln abgesehen, im Laufe der Zeit vom Boden verschwinden konnte. Die topographische Untersuchung hat daher nur wenig sichere Anhaltspunkte und muss sich meistens mit dem unbefriedigenden Geschäft der blossen Feststellung des Thatsächlichen begnügen. Um so mehr blieb dabei zu beklagen, dass ein zuverlässiger Specialplan noch nicht vorhanden war; denn die vor Kurzem mit Sorgfalt aufgenommene Karte des italiänischen Generalstabes (Tafel XII 6) gibt im Wesentlichen nur die Bodengestaltung wieder.[§] Erst jetzt ist diesem Bedürfniss abgeholfen durch eine neue genaue Vermessung, welche Cavallari veranstaltet und in grossem Maasstab im 3. Heft des sicilianischen Bullettino veröffentlicht hat. Da mir dasselbe erst während des Druckes zugegangen ist, so war es nur möglich in Zusätzen, welche durch Klammern [ ] bezeichnet sind, die sichern Ergebnisse dieser Aufnahme mitzutheilen.

Die beiden Hügelrücken, welche die Ueberreste der selinuntischen Tempel tragen, streichen ziemlich genau von Nord nach Süd. Sie sind durch ein ungefähr tausend Schritt breites und nicht viel längeres Thal, la Vallara[2], geschieden und laufen an dessen innerem Ende in einander über. Die westliche, um ein Geringes niedrigere Anhöhe erhebt sich dreissig Meter über den Meeresspiegel und stösst mit einem steilen Abhang dicht an den Strand, während sie östlich nach dem mittleren

---

[1] Forbin souvenirs de la Sicile p. 74 berichtet von dem Volksglauben, welcher dieses zerstörende Erdbeben in den Augenblick verlegt, als Christus seinen letzten Seufzer ausgestossen habe. Vgl. O. Gaetani isagoge ad hist. Sculam cap. XIII (Graevius thesaurus antiqu. Sic. II p. 58): Prodigia, quae Idololatriae Interitum in Sicilia proxime antecessere: sub Jesu Christi exortum ex Maria Virgine, templum Veneris in monte Eryce prostratum terrae motu, qui in Christi morte extitit, intersecissus mons Neptunius, Messanam inter, et Tauromenium: et media Tyndaris fortassis abrupta est. Göttling a. a. O. p. 86 erinnert an die Madonna del terramuoto oberhalb Partanna und erzählt von einem heftigen Erdbeben in Marsala im Jahr 1828. Dennis in Murray's handbook for travellers in Sicily p. 172 schliesst aus der Lage der Tempelrümmer, dass die Wirkung des Erdbebens von Süd nach Nord stattgefunden habe. Der Annahme eines solchen widerstreitet auch nicht die Beobachtung Cavallari's bull. ett. IV p. 16, dass die Tempelstereobate sia perfetto livello e senza alcuna fenditura o lesione seien; trotz der Pulverexplosion im Jahre 1687 sind noch jetzt viele Fugen am Parthenon kaum wahrnehmbar. Dass die Zerstörung der Tempel erst im Mittelalter stattgefunden haben kann, geht unter anderm auch daraus hervor, dass man das fertige Baumaterial, welches ihre Trümmer boten, im spätern Alterthum nicht unbenutzt gelassen haben würde.

[2] Die erste mir bekannte Skizze hat Jean Houel voyage pittoresque des Isles de Sicile, de Malte et de Lipari, Paris 1782; I pl. XVI offenbar nach dem blossen Augenmaass gegeben. Dieselbe wiederholt Reingan u m a. a. O. Taf. I. Nach genauerer Messungen ist der Plan von Harris ausgeführt (W. Harris and S. Angell sculptured metopes of Selinus, London 1826 p. 27), welcher keineswegs, wie Göttling a. a. O. p. 91 vermuthete, dem Plan von Hittorff zu Grunde liegt, architecture antique de la Sicile, Paris 1827 pl. 10, recueil des monuments de Segeste et de Sélinonte, Paris 1870, p. 63, 1 pl. 11. Eine in Nebenpunkten berichtigte Wiederholung dieses letzteren ist der Plan Cavallari's bei Serradifalco a. a. O. tav. II, welchen Schubring a. a. O. mit Veränderungen reproducirt hat. Eine eigenhändig und ohne Hilfsmittel entworfene flüchtige Zeichnung theilt Göttling a. a. O. Taf. I mit. Den betreffenden Theil der italiänischen Generalstabskarte hat A. Holm Geschichte Siciliens I Tafel IV veröffentlicht, wonach Tafel XII 6 gezeichnet ist.

[3] Diesen Namen gibt d'Orville Sicula p. 65 an.

Thal und westlich nach den Ufern des Selinusflusses in geringerem Winkel abfällt. Durch eine unbedeutende kaum merkliche Einsenkung gliedert sie sich in eine kleinere südliche und in eine grössere nördliche Terrasse, welche um einige Meter höher gelegen ist.

Die südliche 500 Meter lange und im Durchschnitt 300 Meter breite Terrasse, gewöhnlich die Akropolis von Selinunt genannt, ist von einer Mauer eingefasst, welche grösstentheils in gerader Linie, zuweilen mit scharfen Ecken und Vorsprüngen, den Lauf ihres obern Randes begleitet. Längs der Ost- und Westseite, wo an einigen Stellen viereckige Thürme standen, ist sie fast überall genau zu verfolgen und scheint auch im Süden an der Höhe des steilen Abhanges hingelaufen zu sein, obwohl sichere Spuren dafür nicht mehr vorhanden sind. In der Mitte der Nordseite zeigt sie eine in der Breite von etwa sechs Metern durchbrochene Stelle [welche durch Auffindung von Anten und zwei seitlichen Thürmen als Thor erwiesen ist. Ein anderer Zugang ist im Südwesten, ein dritter wohlbefestigter mit zwei hintereinander liegenden Thoren im Südosten festgestellt worden]. Von einem angeblichen zweiten Mauerring am Fusse der Anhöhe habe ich nichts wahrgenommen.[1]

Die Mauer der Akropolis ist aus Steinen, welche in Blockverband ohne Mörtel aneinander gefügt sind, in einer von $2^m,40$ bis $2^m,70$ variirenden Stärke aufgeführt, und lässt drei Constructionen erkennen, welche sich bestimmt von einander unterscheiden. Die erste und vermuthlich älteste, welcher fast die ganze östliche Mauer angehört, besteht aus einem gelblichen grobkörnigen und wenig harten Muschelkalk, der an Ort und Stelle aus dem Felsen des Hügels selbst gebrochen ist. Zu der zweiten, welche sich durch grössere Sorgfalt und ein fast regelmässiges System von Läufern und Bindern auszeichnet, ist ein sehr harter und feinkörniger grauer Tuf verwendet, welcher 10 Kilometer westlich in rocca di Cusa gewonnen wurde; dieses Material ist für einige Theile der östlichen, für die ganze westliche Seite, und zur Verkleidung auch an der nördlichen Mauer benutzt worden. Die dritte Bauart trägt deutlich den Charakter einer improvisirten Restauration, wozu allerhand zufälliges Material, Bestandtheile niedergerissener Bauten, verschiedenartige Architecturglieder und Wandblöcke, deren Stuckbewurf noch jetzt erkennbar ist, genommen wurden, wie sie gerade zur Hand waren.[2]

Innerhalb dieses Mauerrings ist die ganze Fläche der Akropolis mit Trümmern antiker Gebäude übersät, die in ihrer Zerstörung um so seltener eine nähere Bestimmung zulassen, da dichtes Gestrüpp und hochaufgehäufter Flugsand die Untersuchung erschweren. Ungefähr in der Mitte der Terrasse befindet sich ein wohlerhaltener, im Durchmesser $0^m,70$ breiter Brunnen,[3] welcher bis zu einer Tiefe von beinahe zehn Metern mit Cylindern von Terracotta ausgesetzt ist, in deren regelmässig angebrachten Einschnitten man noch jetzt hinabsteigen kann. Weiter südlich wurde »ein anderer schöner unterirdischer Bau, auf Pfeilern ruhend und aus der prächtigsten griechischen Quaderarbeit bestehend« von Schubring gesehen und für »ein Wasserwerk« gehalten. Der alte Wachtthurm am Südrande, in welchem Cavallari seine Wohnung aufschlägt, wenn er Selinunt besucht,

---

[1] Auf älteren Plänen sind zwei Treppenanlagen angegeben, welche im Südwesten und Südosten von der Höhe der Terrasse zum Selinus und in das mittlere Thal hinabführen sollen. Die grossen, unter Trümmern halbversteckten Stufen des sogenannten mittleren Tempels (C) und einige treppenartige Felseneinschnitte auf dem westlichen Plateaurande mögen diesen Irrthum veranlasst haben.

[2] Nach Hittorff recueil des monuments p. 65: »fragments de chapiteaux, d'architraves et de corniches«; n. ?

»un des fragments« de chapiteau, dont la forme rappelle celle des chapiteaux des plus anciens temples, avait $0^m,16$ de haut et 0 51 de diamètre«.

[3] Eine Zeichnung dieses Brunnens bei Hittorff recueil des monuments pl. 89 F. X—XII p. 66 und 311. — Götling a. a. O. p. 87 erinnert an das Fragment der Elegie Alexanders des Aitolers bei Parthen. Erot. XIV (A. Meineke anal. Alexandr. p. 219 folg.), in welchem ein solcher Brunnen geschildert wird (v. 14 ῥιζίσην οἶμον τοῖς ἔμεναι στομίου.)

ruht auf antiken Fundamenten. Einige Hütten in seiner Nähe sind grossentheils aus antikem Material aufgeführt. Unter der allenthalben verstreuten Menge von Bausteinen und Bruchstücken aber dominiren die Ruinen von vier dicht nebeneinander liegenden, in verschiedenem Winkel ostwärts orientirten Tempeln, deren dritter von Süden, der sogenannte »mittlere« der Akropolis (C) mit den ältesten Bildwerken geschmückt war. Von einem fünften kleinen Gebäude in der Nähe der Aedicula B hat Hittorff Fragmente dorischer Säulen nebst einem Theil des Frieses mit Triglyphen und leeren Metopen[1]) aufgefunden. Wie viel noch in der Umgebung der Tempel zu erforschen bleibt, haben die jüngsten Nachgrabungen von Cavallari gelehrt.[2] (Auch auf dem östlichen Abhang nach dem mittleren Thal wurden verschiedene Fundamente antiker Gebäude constatirt.)

Mit richtigem Blick ist schon von früheren Reisenden, unter Anderm von Houel und Saint-Non, hervorgehoben worden, dass das Gebiet einer Stadt, welche weit über 20000 Einwohner zählte, nicht auf die kleine sogenannte Akropolis beschränkt sein konnte. Mit Recht hat man daher eine Ausdehnung derselben zunächst auf die nördliche Terrasse angenommen, welche zwar sporadischer als die südliche, aber deutlich genug eine Menge Anzeichen antiker Gründungen bewahrt hat. Sie ist ohne Zweifel befestigt gewesen; ihr Rand ist an vielen Stellen künstlich bearbeitet. Nur liess man sich verleiten, ohne jeden bestimmten Anhalt, auch hier Ueberreste von ringsumlaufenden Befestigungen, Thürmen, Thoren und dergleichen auffinden zu wollen.

Auf die zwischen beiden Terrassen befindliche kaum merkliche Einsenkung, welche auf allen Karten zu scharf markirt ist, hat man neuerdings die Agora von Selinunt verlegt als »Mittelpunkt der ganzen Anlage, berufen das Centrum für die Entwickelung der Geschichte der Stadt zu bilden, die Beziehungen zwischen Burg und Stadt, zwischen Aristokratie und Demos, zwischen Priestern und Volk, Tyrannen und Unterthanen zu vermitteln«. Danach könnte der Markt nur eine unbedeutende Ausdehnung gehabt haben, und würde, der herrschenden Sitte entgegen, nicht in einem mittleren Theile, sondern an der Gränze des Stadtgebietes liegen. Beides streitet gegen die Erzählung Diodor's von der Einnahme der Stadt im Jahr 409,[3] wonach die Vertheidiger sich vor den allseitigen Angriffen des Feindes auf den Markt, offenbar als auf einen von den Mauern abgelegenen Ort, zurückziehen, um hier den letzten vergeblichen Widerstand zu leisten. Ebenso unzulässig ist die weitere Annahme, dass von der angeblichen Agora eine »Processionsstrasse« in einem Bogen durch das mittlere Thal nach der Akropolis geführt habe. Der Pfad, welcher sich gegenwärtig von der Akropolis auf der Ostseite herabzieht und mit einem andern, auf die sogenannte Agora leitenden begegnet, ist ohne jedes Merkmal einer antiken Anlage, welche ohnehin in dieser Weise zweckwidrig gewesen wäre, da sie statt des geraden kurzen Wegs auf der Höhe einen

---

[1] Hittorff recueil des monuments p. 87, 88 pl. 20 F. I. II. III.
[2]) Saint-Non voyage pittoresque de Naples et de Sicile (Paris 1781) IV p. 184 erwähnt hier: »plusieurs souterrains sans voutes, mais faits de grandes pierres qui étaient posées quarrément sur des piliers; il y avait encore dans les endroits des petites colonnes de décoration intérieure« sic!. — Schubring's unbestimmte und befremdende Angabe (a. a. O. p. 170) von einem im Osten des grossen Tempels befindlichen Steine, »an dessen Front Säulen und Gebälk bis zum Giebel in Relief dargestellt waren«, weiss ich nur als eine etwa durch flüchtige Betrachtung einer verwitterten Steinoberfläche entstandene Täuschung zu erklären. Ich habe mit Cavallari aufmerksam aber vergeblich danach gesucht; auch hat keiner der zahlreichen Berichterstatter über Selinunt etwas Aehnliches gesehen.

[3] Diodor XIII 54,6. (Ἀννίβας) πρὸς τὴν πόλιν παραγενηθεὶς εἰς δύο μέρη διεῖλε τὴν δύναμιν· περιστρατοπεδεύσας δ' αὐτήν καὶ τὰς μηχανὰς ἐπιστήσας μετὰ πάσης σπουδῆς τὰς προσβολὰς ἐποιεῖτο. 56, 3. Ἀννίβας — πανταχόθεν — προσέβαλε. 56, 6. κατὰ δὲ τὸ πεπτωκὸς τεῖχος ἀναβάντων τῶν Ἰβήρων — οἱ Σελινούντιοι — τὰ τείχη, λιπόντες κατὰ τὰς εἰςβολὰς τῶν στενωπῶν ἀθρόοι συνίσταντο, καὶ τὰς μὲν ὁδοὺς διοικοδομεῖν ἐνεχείρησαν. τοὺς δὲ πολεμίους ἐπὶ πολὺν χρόνον ἠμύνοντο. 56, 8. τέλος δὲ — ἐξεώσθησαν ἐκ τῶν στενωπῶν. 57, 2. εἰς δὲ τὴν ἀγορὰν συνδραμόντων τῶν Σελινουντίων, οὗτοι μὲν ἐνταῦθα μαχόμενοι πάντες ἀνηρέθησαν· οἱ δὲ βάρβαροι σκεδασθέντες καθ' ὅλην τὴν πόλιν τὴν μὲν ἐν ταῖς οἰκίαις εὐδαιμονίαν συνήρπασαν κτλ.

Umweg durch die Tiefe bezeichnen würde. — Ebenso wenig als die nördliche Terrasse zeigt die genannte Einsenkung irgend einen Rest von Umfassungsmauern. Sie enthält aber in ihrem westlichen Theile die Trümmer eines nicht näher bestimmbaren viereckigen Baus, nordöstlich davon antike halbkreisförmige Fundamente, welche sich vor Kurzem als Theile eines grossen nach Süden orientirten Theaters[1]) erwiesen haben. Sie sind aus Tufquadern in sehr sorgfältiger Bauart aufgeführt und rühren aus früher Zeit her; die Stufen des Zuschauerraums und die Bühne scheinen nahezu vollständig verschwunden zu sein.]

Der Hügel jenseit des mittleren Thales hat eine ungleich grössere Ausdehnung und bildet ein breites Plateau, welches in gleicher Höhe dem Laufe des Meeresufer folgend, in einiger Entfernung vom Hypsasflusse abzufallen beginnt. Auf dem westlichen Theile desselben liegen, in grösserem Abstand von einander als auf der Akropolis, die Ruinenberge dreier Tempel. Der nördlichste von ihnen (G) ist der zweitgrösste Siciliens und einer der grössten des Alterthums überhaupt; von dem mittleren (F) besitzen wir zwei, von dem südlichen E) fünf Metopen, welche einer jüngern Zeit als diejenigen der Akropolis angehören. Alle drei waren, wie neuere Ausgrabungen festgestellt haben, mit werthvollen Weihgeschenken ausgestattet. Diese Thatsache, welche die wiederholten Zeugnisse von den reichen Schätzen der selinuntischen Tempel bestätigt, so wie die Grösse der Gebäude selbst, verbietet dieselben ausserhalb der Stadt anzunehmen. Wenn auch andere antike Ueberreste — einige unbedeutende nördlich vom Tempel G ausgenommen — sich in ihrer Nähe nicht nachweisen lassen, so ist nicht zu bezweifeln, dass sie den Mittelpunkt eines besondern Bezirkes der Stadt bildeten, welcher mit den übrigen in fortificatorischer Verbindung gestanden haben muss. Denn der erwähnte Bericht Diodor's lässt deutlich ein einheitliches Befestigungssystem der ganzen Stadt erkennen, und macht es erklärlich, wie nach der Schleifung derselben im Jahre 409, da nur ein Theil der Stadt wiederbewohnt und neubefestigt wurde, nicht blos auf der nördlichen Terrasse des westlichen Höhenrückens, sondern auch auf dem östlichen Plateau jeder Rest der ehemaligen Umfassungsmauer verschwinden konnte.

In dem mittleren Thale muss sich der Hafen der Stadt befunden haben. Allerdings sucht man denselben herkömmlicher Weise in Mazzara; aber dies beruht auf Missverständniss[2]) einer Stelle Diodor's, welche nichts dergleichen berichtet — und selbst einer ausdrücklichen Ueberlieferung würde man die Widersinnigkeit nicht zu glauben haben, dass eine dicht am Meere gelegene Handelsstadt einen über drei Stunden entfernten Hafen benutzt haben könne. Ueberdies giebt die gegenwärtige Beschaffenheit des Thales eine willkommene Bestätigung. Ein aus zwei Armen gebildeter kleiner Fluss, welchen viele Karten in demselben angeben, ist in Wirklichkeit nicht vorhanden und nur in Folge eines Irrthums von Reinganum, durch Hittorff hierher versetzt worden.[3])
Wohl aber scheint die sehr tiefliegende Thalsohle, welche ein gutes Stück vom Strande einwärts

---

[1]) Cavallari im giornale di Sicilia vom 4. April 1872. Im Bullettino no. V tav. II ist der Grundriss, mit zwei daselbst gefundenen, nicht zugehörigen dorischen Säulen und dem Fragment eines dorischen Frieses mitgetheilt.]

[2]) Anlass gab dazu die Stelle des Diodor XIII 54, 6. Ἀννίβας) ἀνέζευξεν ἀπὸ τοῦ Λιλυβαίου, τὴν παραλίαν ποιούμενος ἐπὶ Σελινοῦντος, ὡς δ' ἐπὶ τὸν Μάζαρον ποταμὸν παρεγενήθη, τὸ μὲν παρ' αὐτὸν ἐμπόριον κείμενον εἷλεν ἐξ ἐφόδου, πρὸς δὲ τὴν πόλιν παραγενηθεὶς εἰς δύο μέρη διεῖλε τὴν δύναμιν. Sonst wird der Ort als Festung bezeichnet, so Diodor fragm. XXIII 9, 4 τὸ Μάζαριν φρούριον. Steph. Byz. Μαζάρη· φρούριον Σελινουντίων.

[3]) Fazellus a. a. O. p. 165 erwähnt westlich vom Hypsasflusse und östlich von den Tempeln E F G ein stagnum, Jalici benannt, welches Cluver ohne Grund mit einer bei Lykophron Cass. 870 vorkommenden sicilischen Γονοῦσσα (λίμνη nach Tzetzes) und zugleich mit dem von Empedokles durch Einleiten zweier Flüsse ausgetrockneten Sumpfe der Selinuntier identificirt (Diog. Laert. VIII 70). Diese unverweisbare Vermuthung nimmt Reinganum a. a. O. p. 87 als Thatsache an, indem er überdies durch einen weitern Irrthum Gonussa-Jalici in das mittlere Thal verlegt. Dadurch getäuscht hat zuerst Hittorff an dieser Stelle einen aus zwei Armen gebildeten kleinen Fluss in seinen Plan der Stadt eingezeichnet und alle von diesem letztern abhängigen spätern Pläne haben ihn beibehalten. Dennis

mit hochaufgeschichtetem Sande bedeckt ist, durch ihren sumpfigen Charakter eine Verbindung mit dem Meere anzuzeigen, welche im Alterthum, bei dem geringeren Tiefgang der Schiffe, um so leichter zu einer Hafenanlage erweitert werden konnte, wenn man annehmen darf, dass hier im Laufe der Zeit eine Veränderung der Meeresufer eingetreten sei, wie sie für das benachbarte Motye mit Wahrscheinlichkeit nachgewiesen worden ist.[1]) Vielleicht stellen zwei in dem Thal von Nord nach Süd laufende parallele Mauern in der That den Rest einer alten Hafenfassung vor; dann wird ein dem Charakter seines Profiles nach sehr altes Piedestal, welches von Hittorff in ihrer Nähe dicht am Meer aufgefunden worden ist,[2] vermuthlich zur Ausschmückung des Hafeneingangs gehört haben. Einen weiteren Theil der Hafenmauer, mit einem Thurm, hat Cavallari 550 Meter von der Meeresküste entfernt, in einer Tiefe von 3 Metern, aufgefunden. Freilich darf die ganze Anlage kaum in grosser Ausdehnung angenommen werden; aber für die Bedürfnisse einer kleinen Flotte, wie Selinunt sie unterhielt, mochte sie hinreichen, immerhin besser als irgend eine der offenen Rheden auf der Südküste der Insel. Bot sie auch schwerlich gegen die Gewalt der Südwinde hinreichenden Schutz, so gewährten doch die beiden Hügelrücken Deckung nach andern Seiten, und im Herzen der Stadt waren die Güter des Emporiums am sichersten geborgen. Einen zweiten Hafen nimmt Cavallari an der Mündung des Selinusflusses, woselbst er gleichfalls eine Einfassungsmauer entdeckt hat, einen dritten an der Mündung des Hypsas an.

In der Nähe des Hafens muss sich der Markt befunden haben.[3] Diese Lage erscheint als die an sich zweckmässigste und wird für Städte, welche am Meere angelegt waren, durch eine Vorschrift des Vitruv[4] als Regel bezeugt. Der innere etwas höher gelegene Theil des mittleren Thals war ohne Zweifel vorzüglich dafür geeignet. Der Bericht Diodor's von der Eroberung Selinunt's im Jahre 409 würde durch diese Ansetzung der Agora vollkommen verständlich werden.

Ueberblickt man diese dürftigen Daten, so erscheint Selinunt, seiner geschichtlichen Bedeutung entsprechend, als eine planvoll angelegte und einheitlich befestigte Grossstadt, im allgemeinen Schema ähnlich der Mutterstadt Megara, welche einen westlichen und östlichen Burghügel und zwischen beiden den Markt hatte.[5] Durch zwei grosse Nekropolen[6] begränzt, welche dicht an der nördlichen Terrasse des westlichen Höhenzuges und jenseit des Selinusflusses ihren Anfang nehmen, muss sein Gebiet eine Entwickelung von mindestens 1500 Metern längs der Küste und eine nicht viel geringere Tiefe gehabt haben. Dass Hermokrates dieses grosse Areal aufgab und die neue Befestigung, wie nicht bezweifelt werden kann, auf die kleine Akropolis[7]

---

handbook p. 168 giebt seinen Namen, Gorgo di Cotone, an. Ich habe im Februar und April das mittlere Thal trocken gefunden; Harris, welcher einen ganzen Winter sich in Selinunt aufhielt, kennt keinen Fluss und giebt nur am Ausgang des Thales eine sumpfige Stelle (marsh) an. Den alten Irrthum hat Cavallari neuerdings wiederholt im bullettino no. V.)

[1]) Duc de Luynes annali d. instit. 1855 p. 93, J. Schubring Motye=Lilybaeum, Philologus XXIV p. 56.

[2]) Hittorff recueil des monuments p. 66, 91 pl. 20 F. IX—XI.

[3]) Göttling a. a. O. p. 86 sucht die Agora auf dem östlichen Hügel oder in dem mittleren Thale. (Cavallari im bullettino no. V auf der Ostseite des mittleren Tempels der Akropolis).

[4]) Vitruv I 7, 1 si erunt moenia secundum mare, area ubi forum constituatur eligenda proxime portum.

[5]) Bursian Geographie Griechenland's I p. 373. Reinganum das alte Megaris p. 113 folg.

[6]) Es ist ein grosses Verdienst Cavallari's, diese beiden Nekropolen durch systematische Ausgrabungen untersucht und ausgebeutet zu haben. Bis zum 1. April 1872 (recentissime scoperte p. 4) sind im Ganzen 118 griechische Vasen aus ihnen gewonnen worden, von denen die ältesten, im sogenannten korinthischen Stil mit Thierfiguren auf gelbem Grund, ausschliesslich aus der nördlichen Nekropolis stammen, während in der westlichen nur Vasen späteren Stils gefunden worden sind. In dieser letztern ist eine aus Tufplatten aufgebaute Grabkammer mit zwei grossen Sarkophagen aus Terracotta zum Vorschein gekommen, publicirt im bullettino no. IV tav. 2 no. 8. 9. (eine Menge anderer Gräber im bullettino no. V tav. 3).

[7]) Diodor XIII, 63. 3 (Έρμοκράτης) ὥρμησε διὰ τῆς μεσογείου, καὶ καταλαβόμενος τὸν Σελινοῦντα καὶ τῆς πόλεως μέρος ἀτείχισε καὶ πανταχόθεν κατεκάλει τοὺς διασπειρομένους τῶν Σελινουντίων.

beschränkte, gewährt einen deutlichen Begriff von der Vernichtung, welche die Stadt im Jahre 409 erfuhr, und erklärt wie dieser am längsten bewohnte Theil ihres Gebietes bis heute die meisten Ueberreste bewahrt hat.

IV

Die Tempel von Selinunt sind bei dem chaotischen Zustand und der colossalen Schwere ihrer Trümmer, welche Ausgrabungen nur mit Hilfe grösserer Maschinen ermöglicht, in dieser entlegenen Gegend vor weiterer Zerstörung oder Wiederbenutzung ihres Materials[1]) im Wesentlichen gesichert geblieben. Die reisenden Gelehrten und Künstler des vorigen Jahrhunderts, welche sich eingehender mit den Alterthümern Siciliens beschäftigten, haben sich darauf beschränken müssen, landschaftliche Ansichten der Trümmerstätte zu geben, und wenn sie, wie der Architect welcher d'Orville begleitete, wenigstens die Grundrisse einiger Tempel festzustellen versuchten, so konnte dies bei der damaligen Kenntniss der griechischen Baukunst, welche über die Compilationen Winckelmann's sich nicht erhob, nur zu ungenügenden Resultaten führen. Auch die detaillirten schon gezeichneten Aufnahmen, welche Wilkins in seinen antiquities of Magna Grecia Cambridge 1804—1807 von den drei östlichen Tempeln E F G veröffentlichte, liessen an Genauigkeit und Vollständigkeit viel zu wünschen übrig.[2]

---

[1] Was in dieser Beziehung geschah, ist im Verhältniss zu der an andern Orten sichtbaren Verwüstung unbedeutend. In den Memorie per servire alla storia letteraria della Sicilia tom. II Palermo 1756 steht unter dem 30. Sett. ein Bericht über Selinunt, in welchem es p. 276 heisst: «fui sorpreso dal dolore, vedendo un gran numero di operai, che tagliando molto di dette pietre (von den Tempeln des östlichen Hügels) le trasportarono altrove, per riparare con essi il ponte del fiume Belice, compiangendo fra me stesso la poca accortezza de' nostri Siciliani che permettono di andare in rovina così pregevoli monumenti di antichità, per osservare le quali si sono qui portati da' loro lontani paesi i più eruditi oltramontani.»

Ueber Aehnliches klagt Saint-Non a. a. O. IV p. 190. Dass die Cellasteine des Tempels F weggeschafft worden seien, bemerken Angell und Evans sculptured metopes p. 31. Cockburn voyage to Cadiz and Gibraltar, to Sicily and Malta vol. II (London 1815) p. 44 Anmerkung*: «it had an advantage which every one has not. The king was expected at Selinus, and, in consequence, 200 peasants were sent here about a fortnight ago, for a week, to clear about them, and make a path-way.»

[2]) Leo von Klenze gab in L. Schorn's Kunstblatt 1824 no. 36 p. 142 folg. einen genauen Nachweis der Unzuverlässigkeit von Wilkin's Publication.

Das Verdienst, zum ersten Mal allen Alterthümern der Stadt zuverlässige Untersuchungen gewidmet zu haben, gebührt zwei englischen Architecten, Samuel Angell und William Harris, welche im Jahre 1822 auf einer Studienreise durch Sicilien begriffen, in Selinunt einen ganzen Winter lang sich aufhielten und, namentlich in der unmittelbaren Umgebung der Tempel, sorgfältige Ausgrabungen veranstalteten. Für die Energie, mit der sie sich der Aufgabe widmeten, sahen sie sich bald durch den Erfolg belohnt. Auf den Stufen der Ostseite des Tempels F fanden sie unter Epistylblöcken und andern Architecturgliedern die untern Hälften der von Süden gerechnet zweiten und dritten Metope (Tafel V, VI), und ausserdem einige Bruchstücke von den übrigen acht. Sie notirten gewissenhaft auf der Rückseite aller Fragmente die in der Regel mit Sicherheit festzustellende Nummer der Metope der sie angehörten, und Harris nahm sofort genaue Zeichnungen auf, während Angell sich mit architectonischen Aufnahmen beschäftigte. Ebenso glückte es ihnen auf der Ostseite des Tempels C der Akropolis drei in zahlreiche Stücke zerfallene Metopenreliefs Tafel I—III. IV? hervorzuziehen, mit einer Menge kleiner Fragmente von andern, die sich nicht mehr zusammenfügen liessen. Zwei weitere Metopenreliefs (Tafel X entdeckten sie unter den Steinmassen des Posticum vom Tempel E, wurden aber an der langwierigen Hervorschaffung derselben durch Einschreiten der Behörde verhindert, welche die Fortsetzung der Ausgrabungen verbot und die Fundstücke — trotz dringlicher Anerbietungen des englischen Gesandten William Hamilton, der sie für das britische Museum zu erwerben wünschte — der neugebildeten Antikensammlung der Universität Palermo zuwies. Während Angell sich nach Palermo begab, um die befohlene Uebergabe zu bewerkstelligen, blieb Harris, mit Aufnahme eines Situationsplanes der Stadt beschäftigt, in Selinunt zurück. In Folge der Anstrengungen dieser Arbeit zog er sich in der vorgerückten Jahreszeit ein heftiges Fieber zu, dem er in Palermo am 26. Juli 1823 im Alter von 23 Jahren erlag.

Mit der Zusammensetzung und Ergänzung der gefundenen Bildwerke, welche allenthalben bedeutendes Aufsehen und unter Anderm auch eine poetische Würdigung[1] hervorriefen, wurde in Palermo der Bildhauer Pietro Pisani betraut, der das Geschäft, durch die Harris'schen Zeichnungen und mündliche Anweisungen Angell's unterstützt, gewissenhaft und mit Geschicklichkeit im Laufe eines Monates erledigte. Wie er selbst in einer eigenen Schrift[2] berichtet, befestigte er theils mit Broncestiften, theils mit einem marmorharten Kitt die einzelnen Stücke aneinander und stellte die fehlenden Partieen, wo der sichere Zusammenhang der Formen über die Ergänzung keinen Zweifel liess, mit Gips her. Die drei Metopen der Akropolis, welche aus zweiunddreissig (Tafel I), achtundvierzig (Tafel II) und neunundfünfzig Stücken (Tafel III) zusammengesetzt werden mussten, wurden der Sicherheit wegen in Holzkasten eingebaut, in denen sie sich noch jetzt befinden. Nach vollzogener Restauration liess man alle Reliefs formen (was seither nicht wieder geschehen ist) um den Findern Abgüsse zur Verfügung zu stellen, und brachte sie zunächst in der casa professa dei Gesuiti, später in einem Parterrelocale der Universität unter, woselbst sie bis zur Uebersiedelung des Museums in das Kloster Olivella im Jahre 1868 verblieben.

Noch ehe das Werk erschien, in welchem Angell die Harris'schen Zeichnungen und die eigenen Aufnahmen, mit einem Schwager des Verstorbenen, Thomas Evans, veröffentlichte (London

---

[1] Versi di Pompeo Inzenga intorno alle metope Selinuntine nell' anno 1823 dissotterrate, Palermo 1824. 8°.

[2] Pietro Pisani memoria sulle opere di scultura in Selinunte ultimamente scoperte (Palermo 1823. 4°) mit 5 Kupfertafeln. — Anzeigen dieser Schrift von Angelo Palumbo im Giornale di scienze lettere ed arti per la Sicilia Settembre 1824; in Acerbi's biblioteca italiana no. CIII Luglio 1824 p. 3 folg.; in L. Schorn's Kunstblatt 1825 no. 15 p. 180, 1827 no. 98 p. 389 (von F. Thiersch, vergl. Thiersch Epochen 2. Auflage p. 416 folg.); in Böttiger's Amalthea III p. 308 folg.; von Fr. Inghirami osserv. sulle ant. di Selin. Firenze 1825, und von Raoul-Rochette im journal des savants 1829 p. 387—401 (zugleich mit den Werken von Hittorff und Angell).

1826),¹) war J. Hittorff mit seinem Schüler L. Zanth und dem Architecten W. A. Stier in Selinunt mit neuen Untersuchungen beschäftigt.²) Durch ausgedehnte Vollmachten und die nöthigen Apparate unterstützt, widmete er im Winter 1824-25 allen Architecturüberresten ein mehrwöchentliches eingehendes Studium, welches unter Anderm zur Entdeckung des von Harris und Angell übersehenen kleinen Tempels B der Akropolis führte und das Material zu dem epochemachenden Nachweis einer durchgehenden Polychromie der griechischen Architectur lieferte. Seine bis auf Millimeter genauen Aufnahmen, welche zum ersten Mal verlässliche Restitutionen der Tempel ermöglichten, sind bis heute die vollkommensten die wir von Selinunt besitzen. Sie erschienen (mit Ausnahme des Tempels G), zugleich mit sorgfältigeren Zeichnungen der Metopenreliefs, in den ersten acht Lieferungen seines Werkes über die alte Architectur Siciliens (Paris 1827),³) welches leider unvollendet und ohne Text blieb, und sind erst vor Kurzem in einer neuen erweiterten und verbesserten Ausgabe mit ausführlichen Erläuterungen sämmtlich veröffentlicht worden.⁴)

Im Jahre 1831 liess dann der Herzog von Serradifalco Domenico lo Faso Pietrasanta, in Verbindung mit dem Prinzen della Trabbia, die unterbrochenen Ausgrabungen der englischen Architecten durch den Bildhauer Professor Valerio Villareale und den jungen Architecten Saverio Cavallari, der in Selinunt wiederholt Studien vorgenommen hatte, wieder aufnehmen.⁵) Nach den Angaben, welche Angell dem Herzog von Serradifalco gemacht hatte, zog man aus dem Posticum des Tempels E die beiden schon bekannten Metopenreliefs hervor und fand (wie mit Sicherheit vorauszusetzen und auch in Hittorff's Restauration schon angenommen war) drei andere besser erhaltene (Tafel VII, VIII, IX) auf der entgegengesetzten Seite im Pronaos. Cavallari nahm von allen Tempeln neue Vermessungen vor. Die Resultate der gemeinsamen fünfmonatlichen Arbeiten wurden in dem zweiten Bande des Serradifalco'schen Werkes über die Alterthümer Siciliens (Palermo 1834) veröffentlicht, mit Lithographien nach den Metopen, welche von einem der Aufgabe nicht gewachsenen Zeichner Carlo la Barbera herrühren.⁶)

Seit jener Zeit hat der Boden von Selinunt geruht, bis die neue Regierung des Königreichs Italien eine jährliche Dotation für Ausgrabungen in Sicilien auswarf und Cavallari zu deren Leitung berief. Den

---

¹) Samuel Angell and Thomas Harris sculptured metopes of the ancient city of Selinus in Sicily London 1826. Fol. (Vergl. S. Angell über die Sculpturen von Selinus in den Transactions of the Royal society of Literat. of the united Kingdom vol. II p. 1, 1832 no. 6.) Der Text dieses Werkes erschien von F. Gruls, einem Deutschen, übersetzt im Giorn. di scienze lett. ed arti per la Sicilia, vol. XX p. 65 folg.

²) Hittorff berichtet darüber selbst in L. Schorn's Kunstblatt 1824 no. 39 p. 153: »Fünf Wochen lang von früh Morgens bis spät in die Nacht arbeiteten wir mit dem unermüdlichsten Fleisse an den Ruinen von Selinunt; nach dieser Frist erst fand ich mich im Besitze aller Zeichnungen und Aufnahmen der drey Tempel in der Stadt, jener drey in der Acropolis von Harrys und Hangel ausgegrabenen und eines vierten kleinern, welchen ich in der Nähe der letztern entdeckte und zu dessen Ergänzung ich hinlängliches Material vorfand. Auch machte ich, um dieser interessanten Arbeit alle Vollständigkeit zu geben, einen General-Situationsplan aller dieser Monumente mit Inbegriff der umliegenden Gegend, der Andeutung der Einfassungsmauern der Citadelle und des ehemaligen Hafens.«

³) Angezeigt in L. Schorn's Kunstblatt 1827 no. 46 p. 182, von Ottfr. Müller Gött. g. Anz. 1835 St. 4 p. 36 f.

⁴) Hittorff recueil des monuments de Ségeste et de Sélinonte Paris 1870. 4⁰. avec un atlas de 89 planches Fol., vergl. Beulé im journ. des savants 1871 Décembre.

⁵) Vergl. den Brief des Herzogs von Serradifalco an E. Gerhard über diese Arbeiten, im bullettino dell' instituto 1831 p. 177 folg.

⁶) Serradifalco antichità della Sicilia vol. II Palermo 1834. fol. vergl. E. Gerhard bull. d. inst. 1834 p. 172—176, archäol. Intelligenzblatt 1834 no. 9 p. 65 folg. Raoul-Rochette journal des savants 1835 p. 12 folg. Creuzer in den Heidelb. Jahrb. 1836 p. 360 folg. und Ottfr. Müller in den Gött. g. Anz. 1835 p. 489 folg. =kl. deutsche Schr. II p. 472 folg.) Die in diesem Werke enthaltenen Zeichnungen und Stiche Cavallari's beruhen durchaus auf Autopsie: es war aber natürlich, dass sie sich mannigfach an die Arbeiten Hittorffs anlehnten. Dass der (nicht von Cavallari herrührende) Text des Werkes über dieses Verhältniss schweigt, bemerkte Letronne lettres d'un antiquaire a un artiste p. 11, 1: »l'ouvrage de M. le duc de Serradifalco renferme des observations neuves et curieuses; mais l'auteur a le tort de n'avoir rien dit des emprunts multipliés qu'il a faits à l'important ouvrage de MM. Hittorff et Zanth sur l'Architecture antique de la Sicile«. Vergl. journal des savants 1835 p. 396 folg. (Hittorff), 1836 p. 676 folg. (Serradifalco); Hittorff restitut. du temple d'Empédocle (Paris 1851) p. 75 folg.

eifrigen und umsichtigen Bemühungen dieses um sicilische Alterthumsforschung hochverdienten Mannes ist es seitdem gelungen, die bisher gewonnene Kenntniss wesentlich zu erweitern, und durch glücklich geführte Nachgrabungen, die er im Sommer 1865, im Frühjahr 1868, 1871 und 1872 anstellte, neue Kunstwerke, werthvolle Inschriften und unerwartete Aufschlüsse über einige Tempel zu gewinnen. Eine möglichst vollständige Uebersicht über diese Entdeckungen, welche ich nach Berichten[1]) von Cavallari und Schubring, ergänzungsweise aus Autopsie gebe, ist zur Orientirung über den gegenwärtigen Stand der Forschung unerlässlich. Ihr disparater Charakter ist im Gegenstand selbst begründet.

Vor der Front des Tempels C der Akropolis, in der Nähe des nordöstlichen Ecktriglyphen (Tafel XII 5ᵃ, 5ᵇ), welcher jetzt im Museum von Palermo neben den ältesten Metopen steht, zog Cavallari zwei grössere Fragmente einer neuen vierten Metope (Tafel IV 1. 2) hervor, und constatirte, dass die area vor den östlichen Stufen, wo Angell und Harris Spuren eines Tempelperibolos[2]) entdeckt hatten, mit Tufplatten belegt war. Er fand an dieser Stelle einige Instrumente aus Lava, welche zum Glätten der Steine gedient zu haben schienen;[3]) in der nordöstlichen Ecke des Tempels eingebaut einige Treppen und Gemäuer aus später Zeit;[4]) auf der Nordseite vor dem Tempel aber mehrere mit Tufplatten bedeckte Gräber und einen 1ᵐ,11 >< 0ᵐ,52 grossen, 0ᵐ,50 hohen Sarkophag mit einem losen Deckel aus gleichem Material. Eins dieser Gräber enthielt mehrere Broncemünzen aus später römischer Zeit, ein zweites eine schmucklose Vase mit einer kleinen unedirten Broncemünze von Motye oder Akragas, welche auf der einen Seite eine Krabbe, auf der andern einen im Profil nach rechts gewandten behelmten unbärtigen Kopf zeigt; ein drittes neun Stück 0ᵐ,15 langer Angelhaken aus Bronce, welche das Grab eines Fischers anzuzeigen schienen. An der nämlichen Stelle, aber etwas näher am Unterbau des Tempels wurde eine fragmentirte Inschrift des fünften Jahrhunderts hervorgezogen. Ferner wurden zwischen dem Tempel D und der Nordmauer der Akropolis die Fundamente eines grossen aus Quadersteinen aufgeführten Gebäudes blossgelegt, dessen Bestimmung sich nicht feststellen liess. Dabei kamen abozzirte Stücke von parischem Marmor und mehrere Figuren von Terracotta, darunter ein flöteblasender Satyr, zum Vorschein.

Dicht an dem nördlichen Rande der grösseren Terrasse des westlichen Höhenrückens fand Cavallari in einer brunnenähnlichen Vertiefung eine Anhäufung antiker Terracottafragmente, unter denen sich einige schöne Profilstücke, wie es schien von Sepulcralbauten, und das Fragment vom Rande eines ungefähr 0ᵐ,50 im Durchmesser grossen Kraters befanden, welches eine Darstellung der Nereiden mit den Waffen des Achilles, in flachem gestempeltem Relief zeigt. Dasselbe ist als Vignette auf p. 15 zum ersten Male abgebildet.[5])

Wichtiger waren die Funde im Tempel E und G. In der Cella des ersteren, deren Gliederung erst jetzt klar wurde, entdeckte man ein in der Mitte der Rückwand befindliches Basament mit vorgesetztem Altar (Tafel XIII 5ᵃ—5ᶜ), beides eine Restauration aus später Zeit; in der Nähe des letzteren eine Inschrift, welche über das erste Jahrhundert vor unserer Zeitrechnung nicht hinaufreicht, und einen überlebensgrossen archaischen Kopf einer weiblichen Figur aus Tuf (Tafel

---

[1]) Cavallari im bullett. d. commissione no. IV und im bullett. d. instituto 1868 p. 87—89. Schubring a. a. O. Vergl. Cam. Gaspare Viviani studii sulle antichità di Selinunte im Giornale di Sicilia 1866 n. 97.

[2]) Angell und Harris sculptured metopes p. 34: »there are some indications of the remains of a peribolus in front of this temple, which we regret to state we were prevented from excavating and examining«.

[3]) Aehnliche Instrumente fand Cavallari im Tempel G und in Motye: p. 16 not. 1: »è curioso di notare che un simile strumento di lava è molto usato nel Messico dagl' intagliatori di pietra e solamente differisce per la forma«.

[4]) Was Cavallari bullett. d. commissione no. IV p. 16 »talune sralette e costruzioni molto posteriori« nennt, erklärte Schubring a. a. O. p. 434 für ein Haus, welches durch den Einsturz des Tempels zertrümmert worden sei.

[5]) Ueber Darstellungen der Nereiden mit den Waffen des Achilles Stephani Compte-rendu 1865 p. 12 folg. Derselbe erwähnt zwei Reliefs von Thongefässen bei Dubois Catal. Panckoucke n. 99 und Catal. d. museo Campana Sala J. n. 130.

XI 4), welcher vermuthlich dem Cultusbilde angehörte. Ausserhalb des Gebäudes wurde eine grosse Zahl firniss- und ornamentloser Lampen aus später Zeit zur Seite der mittleren Eingangstreppe, und vor derselben in der Achse des Tempels eine Cisterne gefunden, welche vielleicht wie ähnliche Behältnisse am Parthenon, zur Ableitung des Regenwassers diente.¹) Ausserdem kamen an verschiedenen Stellen des Tempels und seiner Umgebung einige unbedeutendere Sculpturfragmente zum Vorschein, welche theils von den Metopen herrühren, theils aus römischer oder mittelalterlicher Zeit stammen und von der späten Benutzung des Tempels Zeugniss ablegen.²)

Die Ausgrabungen im Tempel G beschränkten sich auf die Cella und verbreiteten neues Licht über die architectonische Eintheilung derselben (Tafel XIII 5). Sie führten zur Entdeckung einer altdorischen Inschrift, welche zum ersten Male über die Hauptgottheiten der Stadt und über den Namen des Tempels Auskunft giebt, bestätigten durch eine Menge vorgefundener Vasenscherben, dass wie anderwärts³) so auch hier Thongefässe zur Weihung oder zu Cultusdiensten gebraucht worden waren, und lieferten den vielversprechenden Beweis, dass unter den Trümmermassen dieses grössten Tempels werthvolle Sculpturen ihrer Wiedererstehung harren. Das wichtigste Fundstück der letzteren Art, im Innern der Cella an der Schwelle des Eingangs zur Cultusstatue entdeckt, ist das Obertheil einer unbekleideten männlichen Figur, welches in entwickeltem archaischen Stil aus demselben feinkörnigen Kalktuf wie die Metopenreliefs gearbeitet ist. Nach einer von Cavallari⁴) mitgetheilten Photographie, welche der folgenden Vignette zu Grunde liegt, lässt sich nicht hinreichend darüber urtheilen. Die erhaltenen Theile zeigen aber mit Sicherheit an, dass die Figur in ungewöhnlich lebhafter Bewegung, vielleicht im Zusammenbrechen dargestellt war. Darauf deutet der heftig vorgestreckte Hals, der wahrscheinlich aufgestützte linke und erhobene rechte Arm, die gekrümmte Brust und der mit schmerzlichem Ausdruck weit geöffnete Mund. Ohne Zweifel gehörte das Bruchstück einer in grossen Verhältnissen ausgeführten Gruppe an, in welcher A. Holm einen Gigantenkampf vermuthet. Erwünscht wäre eine Auskunft, ob es nicht einer verschleuderten Giebelstatue angehört haben könnte. Zugleich und an der nämlichen Stelle sind eine Menge Dachziegel gefunden worden, welche vom Opaion herrühren sollen.

¹) C. Bötticher Bericht über die Untersuchungen auf der Akropolis zu Athen p. 79 folg.

²) Mit Ausnahme der unten näher zu verzeichnenden Metopenfragmente sind es die folgenden:

a eine 0ᵐ,20 hohe und breite fragmentirte Reliefplatte aus Terracotta, auf welcher nur der linke Fuss einer Figur neben dem untern Stück eines Tischbeins sich erhalten hat;

b) zwei rohgearbeitete 0ᵐ,16 und 0ᵐ,14 lange Volvhände mit je einem Stück Arm, aus Marmor;

c) fünf kleine 0ᵐ,13 breite Basen aus Tuf, anscheinlich für Votivgegenstände;

d) ein 0ᵐ,12 hohes mittelalterliches Hochrelief, ein Kopf

mit Hals en face, an welchem blos Augen, Nase und Mund, in ähnlicher barbarischer Unbeholfenheit angegeben sind, wie an den von Cavallari in Giardini gefundenen Sculpturen (bullett. d. commiss. no. III tav. I bis VII);

e ein sogenanntes Webstuhlgewicht, 0ᵐ,05 hoch und von oben durchbohrt.

³) Auf der Akropolis von Athen, Benndorf griech. u. sicil. Vasenbilder p. 46; im Heraion zu Argos, Bursian bullett. d. inst. 1854 p. 14. 16; im Athenetempel auf Aigina, Cockerell temples of Jupiter Panhell. and Apollo Epicurius p. 22 pl. XII (Otto Jahn Europa und der Stier Taf. VII); in Adria, Otto Jahn Vasensammlung p. LXXXV, CXXX.

⁴) Cavallari bullett. d. commiss. no. IV tav. IV.

3 *

V

Den Reichthum der Selinuntier, von welchem die Schriftsteller reden, kann man in den Grundrissen ihrer Tempel lesen. Es bedurfte einer ausdrücklichen Ueberlieferung des Thukydides[1] nicht, um zu erkennen, dass mit Ausnahme des kleinen Tempels B ihre Gotteshäuser zugleich Schatzhäuser waren. Irre ich nicht, so wird erst unter diesem Gesichtspunkt ihre Anlage vollkommen verständlich. Der ummauerte Theil des Heiligthums sollte nicht blos für das Cultusbild und die heiligen Geräthe, sondern für zahlreiche Weihgeschenke und Schätze zum Obdach dienen. Da für die Balken der Decke das Material nicht in ausreichender Länge brach, so konnte eine entsprechende Grösse des Aufstellungsraumes über eine gewisse Breite hinaus nur durch Verlängerung desselben erzielt werden. Aus diesem Grund sind die Cellen, namentlich der älteren selinuntischen Tempel, ungewöhnlich lang gedehnt. Sie gliedern sich in drei Theile: in ein dem Licht geöffnetes Vorgemach, in einen mittleren Schatzraum, der seiner Bestimmung nach die grösste Entwicklung erhält, und in die für die Cultusstatue und den heiligen Tisch oder Altar bestimmte Kammer, für welche geringe Dimensionen genügten. Diese constante Theilung in Pronaos, Thesauros und Adyton, wie im Interesse der Deutlichkeit zu sagen erlaubt sein mag, markirt sich auf das Bestimmteste auch im Aufriss, welcher drei ins Innere aufsteigende Terrassen aufweist. Der hintere Theil der Cella ist durchgängig um einige Stufen über dem vordern und dieser wiederum über dem Stylobat des ganzen Tempels erhöht. Das Allerheiligste lag also beherrschend über der Umgebung, die durch dasselbe geschützt wurde, und die Cultusstatue blieb trotz der Höhe des Stereobats und obwohl in bedeutender Tiefe hinter der Eingangsthür befindlich, wegen ihrer hohen Stellung vollkommen sichtbar. Diese Anordnung wird unverständlich, wenn man, wie fast allgemein geschieht, das Cultusbild in den mittleren langen Raum verlegt, die hintere Kammer als Opisthodom auffasst und folgerichtig sich über die »reitbahnartige« Länge der Cella[2] verwundert oder dieselbe allem antiken Gebrauch entgegen als »Processionssaal« sich zurechtlegt.

Die Auffassung der selinuntischen Tempel als Schatzhäuser wird auch durch eine interessante Entdeckung Hittorff's[3] bestätigt. Im Tempel E fand er von der obersten Steinlage der Cella einige Stücke mit viereckigen Löchern vor, in denen, nach seiner Restauration, vorspringende Metallzapfen befestigt waren. Diese letzteren trugen, in geringem Abstande von der Wand, horizontale hölzerne Stangen, an denen in beliebiger Ordnung Weihgeschenke aller Art sich befestigen liessen, in ähnlicher Weise wie noch jetzt in öffentlichen Gallerien Gemälde aufgehängt werden, und wie es schon für die Pinakothek der attischen Akropolis von verschiedenen Gelehrten vorausgesetzt worden war.[4]

Da man zur Aufbewahrung werthvoller Weihgeschenke nicht blos die durch Thüren geschlossenen Innenräume, sondern auch Pronaos und Posticum zu benutzen und zu diesem Zwecke die Intercolumnien dieser letzteren vom Fussboden bis unter das Epistyl zu vergittern pflegte — eine

---

[1] Thukydides VI 20, 3. χρήματά τ᾽ ἔχουσι τὰ μὲν ἴδια, τὰ δὲ καὶ ἐν τοῖς ἱεροῖς ἐστι Σελινουντίοις, wozu die Schol. bemerken: ἤγουν κοινά· ἔθος γάρ τοῖς παλαιοῖς τὰ κοινὰ χρήματα ἐν τοῖς ἱεροῖς ταμιεύειν.

[2] Krell Gesch. des dorischen Stils p. 60.

[3] Hittorff recueil des monuments p. 153 folg. pl. 47 Fig. V—VIII.

[4] Raoul-Rochette lettres archéol. p. 64. Welcker a. Denkm. IV p. 233.

Vorkehrung, welche der Parthenon, das Theseion, die Tempel der Athene auf Cap Sunium[1] und Aigina, des Apollon[2] in Phigalia und der Artemis in Syrakus[3] noch jetzt erkennen lassen — so darf man dieselbe Sitte auch für Selinunt voraussetzen. Bestimmte Anzeichen dafür sind hier noch nicht nachgewiesen, aber vielleicht übersehen worden, da erst die neuesten Untersuchungen der athenischen Tempel volle Klarheit über die Art dieser Versperrungen gebracht haben. Im Tempel C hat Hittorff[4] auf der Aussenseite der nordöstlichen Cellaecke zwei senkrechte viereckige Aushöhlungen der untersten etwas vorspringenden Steinlage vorgefunden, welche zu einem ähnlichen Zweck gedient haben könnten. Eine von Cavallari in den Plan des Tempels A aufgenommene etwa vier Fuss hohe Mauer von schlechter Construction, welche die beiden Säulen des Pronaos verbindet und in ihre Canelluren eingebaut ist, kann zu einem Verschluss in antiker Zeit nicht gedient haben. Sie scheint, wie die moderne Wendeltreppe im Innern der Cella, der in das Posticum desselben Tempels eingebauten Kapelle, welche noch vorhanden ist, gleichzeitig zu sein.

Nach den Untersuchungen Bötticher's müssen Schatzhäuser von der Grösse der selinuntischen Tempel hypaethral gedacht werden. Es bliebe unerfindlich, wie auf andere Weise das für die Verwaltung öffentlicher Kassen und Weihgeschenke nöthige Licht sich hätte erzielen lassen, in Cellen, deren Cultusbilder 35 Meter und darüber von der Thür entfernt lagen und deren Thür durch eine doppelte weite Säulenstellung gebrochenes, seitliches Licht erhielt. Bei dem Tempel G ist die doppelte Säulenstellung im Innern ein vollgiltiger Beweis dafür. Ausserdem hat Hittorff nur den Tempel E hypaethral reconstruirt; aber er selbst giebt zu, dass bei allen Cellen von bedeutender Tiefe, denen ein Pronaos und weites Pteroma vorgelegt war, eine andere Art der Beleuchtung nicht möglich gewesen sei.[5] Vom Tempel C weist Bötticher ausdrücklich die hypaethrale Einrichtung nach.[6] Wie dieselbe bewerkstelligt worden sei, dafür fehlt in Selinunt jede Ueberlieferung. Hittorff's Restaurationen vom Tempel G, mit dreifach übereinander stehenden Säulenordnungen und einem besondern Tempeldach, welches die offene Cella schützt, sind trotz alles Glanzes der Erfindung eher geeignet, die Gränze der gegenwärtigen Kenntniss fühlbar werden zu lassen, als zu erweitern.

Nach ihrer Anlage im Grundriss scheiden sich die grössern sechs Tempel in zwei Gruppen. Die erste, zu welcher C, D und F gehören Tafel XII 1—3), zeigt die Cella nach Westen mit der Rückwand des Adyton abgeschlossen; die zweite, vertreten durch A, E und G (Tafel XIII 1—3), hat vier Innenräume, indem ein dem Pronaos entsprechender Parastadentheil an die Wand des Adyton nach Westen angesetzt ist. Die ersteren haben Stufen vor dem Pronaos und Thesauros, die letzteren vor Thesauros und Adyton. Diese Unterschiede könnten als zufällig gelten, wenn nicht entscheidende Merkmale hinzuträten, die sie historisch begründen. Die Bauart der Tempel lässt deutlich zwei verschiedene Zeiten erkennen; die erstgenannten C, D, F gehören einer ältern, die andern einer jüngern Periode an.

1. In den ältern Tempeln fehlt eine organische Verbindung der Cella mit dem Pteroma. Die Lage der langen wie der schmalen Wände entspricht den Säulenstellungen nicht. Regulär ist im Grundriss der ältern Tempel nur die Front des Pronaos von C, welche in der Achse der von Osten gerechnet fünften Säulen liegt. Irregulär sind bei den jüngern nur die Westfronten des Posticums von A und E, welche genau in die Mitte des zweiten Intercolumninms fallen.

---

[1] Bötticher Untersuchungen auf der Akropolis p. 144 folg.
[2] Cockerell temples of Jupiter and Apollo pl. 6 und 11.
[3] Cavallari bullett. d. commiss. no. IV p. 15, 2.
[4] Hittorff recueil des monuments pl. 25 Fig. V—VI.
[5] Ebend. p. 499.
[6] Bötticher Tektonik der Hellenen II. p. 385.

2) Die älteren Tempel haben eine weit schmalere Cella. Misst man die Breite der Cella zwischen den inneren Wandflächen, ihre Länge von der inneren westlichen Wandfläche des Adyton bis zur östlichen Gränze des Pronaos, so verhält sich

altere Gruppe
- bei Tempel F die Cellabreite 7m,11 zur Cellalänge 40m,66 wie 1 zu 5,71
- „ „ D „ „ 8m,27 „ „ 37m,64 „ 1 „ 4,55
- „ „ C „ „ 8m,93 „ „ 39m,91 „ 1 „ 4,46

jüngere Gruppe
- „ „ G „ „ 18m,04 „ „ 69m,77 „ 1 „ 3,86
- „ „ E „ „ 11m,42 „ „ 41m,34 „ 1 „ 3,61
- „ „ A „ „ 7m,68 „ „ 24m,46 „ 1 „ 3,18

Das Missverhältniss zwischen Breite und Länge der Cella wurde bei den älteren Tempeln ausgeglichen durch eine weite pseudodipterische Stellung der Säulen vor den Cellamauern, so dass der Stylobat ein Rechteck von ganz anderen Verhältnissen bildet.[1]) Es verhält sich

altere Gruppe
- bei Tempel F die Stylobatbreite 24m,40 zur Stylobatlänge 61m,75 wie 1 zu 2,53
- „ „ D „ „ 23m,71 „ „ 53m,18 „ 1 „ 2,24
- „ „ C „ „ 24m,02 „ „ 63m,86 „ 1 „ 2,65

jüngere Gruppe
- „ „ G „ „ 50m,59 „ „ 109m,88 „ 1 „ 2,11
- „ „ E „ „ 25m,29 „ „ 67m,82 „ 1 „ 2,68
- „ „ A „ „ 16m,44 „ „ 40m,79 „ 1 „ 2,47

3) Die älteren Tempel entbehren der Anten. Ihr Pronaos ist nach dem Pteroma nicht wie bei den jüngeren durch Säulen, sondern durch Mauern und eine Thür abgeschlossen, welche des Lichtfangs wegen breiter als die nach innen folgende zweite Thür ist. Eine eigenthümliche Bildung des Pronaos liegt im Tempel D vor. Derselbe ist nach Osten durch vier Säulen begränzt, deren nördlichste und südlichste auf ihrer westlichen Seite glatt abgeschnitten sind (so dass sie anstatt sechszehn Canelluren nur dreizehn zeigen) und mit den vorlaufenden Mauern der Cella in directer Verbindung stehen.[2]) Dass diese Verbindung keiner spätern Restauration zuzuschreiben sei, wie Semper[3]) vermuthet, beweist der Umstand, dass das an die Ecksäulen stossende Stück der Mauer dieselbe Structur wie die übrigen Theile der Cellamauer zeigt und auf das Sorgfältigste in die abgeschnittene Fläche der Säule eingefügt ist. Das Schema des Grundrisses entspricht durchaus demjenigen der innern Säulenstellung im Apollotempel von Phigalia;[4]) seine Bedeutung muss aber hier verschieden sein. Am besten würde es sich erklären als ein zeitlich vor Anwendung der Anten liegender unvollkommener Versuch, dem Pronaos durch einen gesäulten Abschluss reicheres Licht zuzuführen. — Zufälliger Weise sind alle Anten des Tempels A verloren gegangen, aber mit Sicherheit von Hittorff in den Plan aufgenommen worden.

4) Die älteren Tempel haben Säulen von sechszehn Canelluren und zwar C durchaus, D und F nur vor dem Pronaos, während alle Säulen der jüngeren Tempel zwanzig Canelluren zeigen[5]). Selbstverständlich könnte einem so untergeordneten äusserlichen

---

[1]) Hittorff recueil des monuments p. 378 folg. und nach ihm Beulé histoire de l'art p. 92 erklären die tiefen Säulenhallen der ältern Tempel aus ihrer angeblichen — ohne jeden Beweis und gegen alle Wahrscheinlichkeit supponirten — Bestimmung, dem Volke als Versammlungsorte bei Cultusacten, für den täglichen Verkehr und Handel zu dienen: sie seien später kleiner geworden, als man für jene Bedürfnisse besondere Gebäude errichtet habe.

[2]) Hittorff archit. ant. de la Sicile pl. 29 Fig. III.

[3]) recueil des monuments pl. 33 Fig. III; vergl. L. Schorn's Kunstblatt 1824 no. 39 p. 154.

[4]) Semper der Stil II p. 420, welcher unrichtig von »Halbsäulen« spricht.

[4]) Bötticher Tektonik Taf. 25, 3, Reber Gesch. der Baukunst p. 301.

[5]) Cavallari bullett. d. commiss. no. IV p. 12 behauptet, dass die Säulen des Tempels C achtzehn Canelluren hätten, während doch alle peripterischen Säulen eine

Merkmal für sich allein Bedeutung nicht beigemessen werden. In diesem Sinn bezweifelt Semper[1]) gewiss mit Recht, dass man das Alter der Säulen nach der Zahl ihrer Canäle bestimmen dürfe. Er irrt indessen, wenn er glaubt, dass die Säulenoberfläche, vor Feststellung des dorischen Canon, je nach ihrer Grösse in mehr oder weniger Canelluren eingetheilt worden sei. Eine Anordnung der selinuntischen Säulen nach dem wachsenden Umfang lehrt, dass die Zahl ihrer Canelluren von ihrer Grösse unabhängig ist.

Die Säulen des Tempels B im untern Durchmesser (0",48) stark haben 20 Canelluren

Die kleinern	„	„	„	A „	„	„	1",32	„ , „ 20	„
„ grössern	„	„	„	A „	„	„	1",34	„ „ 20	„
„ innern	„	„	„	G „	„	„	1",35	„ „ 20	„
„ kleinern	„	„	„	D „	„	„	1",37	„ „ 16	„
„ grössern	„	„	„	D „	„	„	1",66	„ „ 20	„
„ kleinern	„	„	„	F „	„	„	1",73	„ „ 16	„
„ kleinern	„	„	„	C „	„	„	1",77	„ „ 16	„
„ grössern	„	„	„	F „	„	„	1",81	„ „ 20	„
„ grössern	„	„	„	C „	„	„	1",94	„ „ 16	„
„ kleinern	„	„	„	E „	„	„	2",16	„ „ 20	„
„ grössern	„	„	„	E „	„	„	2",22	„ „ 20	„
„ äussern	„	„	„	G „	„	„	3",41	„ „ 20	„

Auch kann es unmöglich Zufall sein, dass ausserdem drei nach sichern Kriterien hochalterthümliche Bauwerke, der Tempel von Assos, das Olympieion und sogenannte Artemision von Syrakus[2]), bei einer zwischen 1",05 und 2",00 variirenden Stärke der untern Säulendurchmesser, gleichmässig sechszehn Canelluren haben, während die Mehrzahl der dorischen Tempel an dem Canon von zwanzig festhält oder in einzelnen Fällen darüber hinausgreift. Es muss also der ältere Brauch sich von dem jüngern auch in dieser scheinbar bedeutungslosen Aeusserlichkeit bestimmt unterschieden haben[3]).

In der ältern Gruppe sind die Tempel C und D als die früheren zu betrachten. Sie zeichnen sich durch Anomalien aus, welche lediglich vor der Regelung des dorischen Canon denkbar und verständlich sind. Nicht mit Sicherheit freilich ist unter dieselben zu rechnen die ungewöhnliche Herstellung ihres Epistyls durch zwei Paare übereinander liegender Balken[4]), welche sich auch beim Tempel G sowie über der innern Säulenstellung des Tempels F findet und vielleicht nur aus der

---

durch vier theilbare Zahl von Canelluren haben müssen. Mit dieser Behauptung stimmt sein Grundriss der nordöstlichen Ecksäule bei Serradifalco ant. d. Sic. II tav. X überein: im Text dieses Werks dagegen p. 16 ist gesagt: «quelle (le colonne) del portico han sedici canali, diciotto le altre.» Ohne Zweifel liegt hier ein Versehen vor, wie beim Tempel F, von welchem p. 79 gesagt ist: »le colonne esterne han venti canali, diciotto quelle del pronao e del posticos (sic). — Hittorff arch. ant. de la Sic. pl. 22 Fig. I und VIII. recueil des monuments pl. 24 Fig. I und VIII gibt von beiden Säulengrössen des Tempels C Grundrisse mit sechszehn Canelluren. — Vergl. L. Ross Inselreisen I p. 181.

[1]) Semper der Stil II p. 420, 4.

[2]) Das hohe Alter des Tempels von Assos ist durch seine Sculpturen, des Olympieion durch historische Ueberlieferungen (Serradifalco IV p. 153, Dennis handbook p. 359), des Artemision durch eine Inschrift bezeugt, vergl. Bergmann Philologus 1867 p. 567 folg., Kirchhoff arch. Anzeiger 1867 p. 61*.

[3]) Sechszehn Canäle haben sonst nur der Athenetempel auf Cap Sunium und die inneren Säulen des Athenetempels auf Aegina. Lepsius annali d. inst. 1837 p. 96, L. Ross Inselreisen II p. 4.

[4]) Hittorff recueil des monuments pl. 24 Fig. III, pl. 32 Fig. IV, pl. 54, pl. 75 Fig. IV. Wer die Kunstformen der Steinarchitectur direct aus dem Holzstil ableitet, kann darin eine Nachahmung übereinandergelegter Holzbalken finden. Vergl. Bötticher Tektonik II p. 64 über das ionische Epistyl.

technischen Bequemlichkeit hervorging, den Abacus und die Tropfenregula des Epistyls auf kleineren Blöcken besonders auszuarbeiten. Um so gewisser weist die Bildung ihrer Geisa auf ein hohes Alter hin; an beiden Tempeln sind die viae nicht nur sehr stark, sondern von ungleicher Breite und zwar nur halb so gross über den Metopen wie über den Triglyphen, so dass die ganzen viae sechs, die halben drei Tropfenreihen aufweisen[1]. Am Tempel D sind die guttae des Epistyls kleiner als diejenigen des Geison. Die eigenartige Anlage des Pronaos im Tempel D ist schlechthin primitiv. Am Tempel C aber tritt in einer Fülle auffälliger Abweichungen ein merkwürdiger Dualismus der ganzen Bauweise entgegen. Die Säulen seiner Schmalseiten stehen nicht blos der Zahl (6 zu 17) sondern auch der Grösse nach in Missverhältniss zu denen der Langseiten; sie haben, wie die vier vor dem Pronaos, einen um $0^m,17$ stärkern Durchmesser als diese[2]. Die Canäle der Triglyphen endigen verschieden, theils in einfach spitzem, theils in einem nach spätgothischer Art ausgeschweiften Bogen[3]; ihre Stege sind bald glatt, bald von geschwungenem Profil und mit erhobenen Rändern umsäumt, analog der gleichfalls vereinzelt dastehenden Gliederung des Abacus am Epistyl in einen gerundeten Theil zwischen zwei glatten Fascien[4]. Die Säulen an der Ostfront, vor dem Pronaos und auf der Südseite sind monolith, die übrigen bestehen aus vier oder fünf Trommeln. Die ersteren sind von geringerem Kalktuf, aus einem 4,12 Kilometer nördlich von Selinunt gelegenen Steinbruch (cave del fondo di Barone), die letztern sammt dem zugehörigen Gebälk aus einem feineren Kalktuf von anderer Farbe, welcher eine genauere Ausarbeitung der Profile zuliess.

Um diese Unterschiede zu erklären, hat Cavallari vermuthet[5], dass der Tempel C bei der Gründung von Selinunt schon bestanden aber eine durchgreifende Restauration erfahren habe, bei welcher einzelne Theile des ältern Baus, unter anderm die Metopen, wieder benutzt worden seien. Indessen ist die historische Voraussetzung dieser Hypothese ohne Anhalt in der Ueberlieferung und an sich unwahrscheinlich; auch fehlt der Nachweis, wie weit sich der Umbau erstreckt habe, und wie die Annahme eines solchen genüge, um beispielsweise die verschiedene Stärke der Säulen zu motiviren[6].

Die herkömmliche Ansicht, welche dem Tempel C das relativ höchste Alter zuschreibt, hat Semper[7] zu Gunsten des Tempels D aufgegeben. Semper weist die Entwickelung des dorischen Stils, ohne Rücksicht auf das verschiedene Material der Gebäude, vorzugsweise an den Verhältnissen des Aufbaus nach. Zu Veranschaulichung derselben stellt er eine Norm auf, für welche der halbe untere Säulendurchmesser als Längenmasseinheit verwendet ist und drei mittlere Säulenabstände,

---

[1] Hittorff arch. ant. de la Sic. pl. 22 Fig. VII, pl. 28 Fig. VII und VIII. recueil des monuments pl. 24 Fig. VII, pl. 32 Fig. VII und VIII.

[2] Cavallari bullett. d. commiss. no. IV p. 12 irrt, wenn er auch die von Osten gerechnet dritten Säulen des Pteroma zu den grössern rechnet. Auf der Nordseite steht noch der untere Theil der betreffenden Säule, und ist auf dem Plan Hittorff's (archit. pl. 19, recueil pl. 21) ausdrücklich durch das beigeschriebene Maass als zu den kleinern gehörig bezeichnet.

[3] So an dem jetzt im Museum von Palermo befindlichen nordöstlichen Ecktriglyphen (Tafel XII 5ᵃ, 5ᵇ), vergl. Cavallari bullett. d. inst. 1864 p. 87, bullett. d. commiss. no. IV p. 13.

[4] Ein Stück mit wohlerhaltenen Farben wurde 1865 gefunden Cavallari bullett. d. commiss. no. IV p. 12; die beiden Fascien roth, der Tropfenleisten blau, die Tropfen weiss; wonach die polychrome Restauration Hittorff's archit. polychr. pl. VIII Fig VI zu berichtigen ist — Vergl. den Abacus des Epistyls am Demetertempel zu Paestum, Delagardette ruines de Paestum pl. X Fig. E.

[5] Cavallari bullett. d. commiss. no. IV p. 13 folg. Vergl. bullett. d. inst. 1872 p. 255 folg.

[6] Auch Hittorff recueil des monuments p. 98 folg. nimmt einen Umbau an, aber in späterer Zeit und ohne jene historische Hypothese; seine Annahme stützt sich auf die Verschiedenheit der Verhältnisse auf den Lang- und Schmalseiten und auf den Umstand, dass die Thüreinschnitte der vor dem Pronaos und unter dessen Niveau liegenden Steine von der Thür des Pronaos nicht herrühren können.

[7] Semper der Stil II p. 420.

von Achse zu Achse gerechnet, als Basis eines Vierecks angenommen sind, dessen Höhe den senkrechten Abstand der Stylobatfläche vom obern Rande des Geison bezeichnet. Die in dieser Weise fixirte Norm der ältesten Tempel zeigt ein liegendes Rechteck, diejenige der vollendetsten Tempel ein Quadrat, während alle zeitlich in der Mitte liegenden in mannigfachen Veränderungen zwischen beiden Formen variiren. Nach Maassgabe eines solchen Schemas würde der Tempel D, im Gegensatz zu C, durch die Breite seiner Verhältnisse den Eindruck einer frühern Entstehung geben. Aber eine stetig fortschreitende Umwandlung der Norm, welche allein einen sichern Schluss auf ein höheres oder geringeres Alter zulassen würde, müsste den natürlichen, von Semper selbst erkannten Gesetzen historischer Entwickelung von Verhältnissen widerstreiten. Wie die ersten Versuche menschliche Gestalten zu formen, bald gedrungen bald schlank ausfallen, ihre Proportionen in Folge zufälliger Einwirkungen des Materials, der äusseren Bestimmung und des persönlichen Talents bis in die Höhezeit der Kunst scheinbar willkürlich wechseln und erst aus einem unendlichen Auf- und Abwogen von Gegensätzen spät und langsam die Schönheit des Maasses emporsteigt, so muss auch in der Architectur, obschon diese ihrer Natur nach früher Harmonie findet, ein auf Proportionen gegründeter Schluss in dem Grade an Bestimmungskraft verlieren, je älter die Bauwerke sind auf die er sich bezieht. Die Norm des Tempels C gleicht derjenigen des sogenannten Artemision von Syrakus, für dessen hohes Alter erst die neuesten Untersuchungen Cavallari's[1] sichere Beweise geliefert haben; dieselbe bildet ein stehendes Rechteck, nicht ein liegendes. Diese beiden Normen werden in sehr alter Zeit nebeneinander bestanden haben, wie in der primitiven Plastik gleichzeitig Figuren von fünf und zehn Kopflängen.

In der jüngern Gruppe ist der Tempel G am ältesten. Er ist das mächtige Zeugniss einer Zeit, welche in kühnem kraftvollen Streben die gewohnten Bahnen verliess und ihre Gedanken in das Colossale übertrug. Wie Hittorff[2] an der verschiedenen Form seiner Säulen, Capitelle und Anten nachgewiesen hat, wurde er in archaischer Zeit begonnen und in der Bluthezeit des dorischen Stils nach einem andern Plan und in abweichenden schönern Verhältnissen zu Ende geführt, ohne die letzte decorative Vollendung zu erhalten. Er war das grösste Heiligthum, das Hauptschatzhaus der Stadt, und ohne Zweifel ihrer Schutzgottheit geweiht. Er ist der Parthenon von Selinunt. Wie der Parthenon hat er dieselbe Zahl der Säulen auf den Schmal- und Langseiten (8 + 17), dieselbe doppelte Säulenstellung im Innern, eine ähnliche Aedicula für das Cultusbild, Treppen und zwei Thüren im Hintergrund der Cella, querdurchlaufende Schranken (Taf. XIII 1ᵇ) in der Mitte derselben. Wie der Parthenon wird er als Filiale eines ältern Tempels zu betrachten sein[*].

Am sichersten verdeutlicht sich die Entwickelung des dorischen Stils in der Form des Capitells. Wie die Nebeneinanderstellung in der folgenden Vignette veranschaulicht, geht die gedrückte breit und bauchig ausladende Form der ältesten Capitellprofile in mannigfachen Variationen in die hohe, schön angespannte und einfachere Form über, welche sich an allen dorischen Bauten des vollendeten Stils findet. Die Capitelle von E und A sind denen des Parthenon und Theseion ähnlich.

[1] Bullett. d. commiss. no. II p. 1 folg. Adler arch. Anzeiger 1867 p. 61° glaubt an diesem Tempel das opus monotriglyphum Vitruvs nach Bötticher's, von Bergau Philologus 1860 p. 193 bestrittener Auffassung, nachweisen zu können.
[2] Hittorff recueil des monuments p. 200 folg.
[*] Diese durch die Zusammenstellung der beiden Grundrisse im Atlas zu Bötticher's Tektonik Taf. 11, 1 und 2 nahegelegte Vergleichung, welche auch Hittorff recueil p. 388 folg. anstellt, würde sich vermuthlich noch weiter führen lassen, wenn die Ausgrabungen des Tempels weiter fortgeschritten und alle Theile des Grundrisses gesichert wären. Wie Angell und Harris (pl. 1 F. gibt Hittorff in seinem Plan (Tafel XIII 1ᵇ), den drei Schiffen

Dass die selinuntischen Tempel, vielleicht mit Ausnahme der aedicula B, deren Restitution trotz der ausführlichen Untersuchungen Hittorff's[1] nicht in allen Theilen gesichert erscheint, in die erste Periode der Stadtgeschichte, vor das Jahr 409 gehören, ist über allen Zweifel sicher. Man wird im Wesentlichen nicht irre gehen, wenn man C und D in die Gründungszeit der Stadt (628), F und die erste Bauperiode von G in das sechste Jahrhundert, die zweite Bauperiode von G, dann A und E in die Mitte des fünften Jahrhunderts setzt. Vielleicht fallen die beiden letztgenannten Tempel noch etwas später.

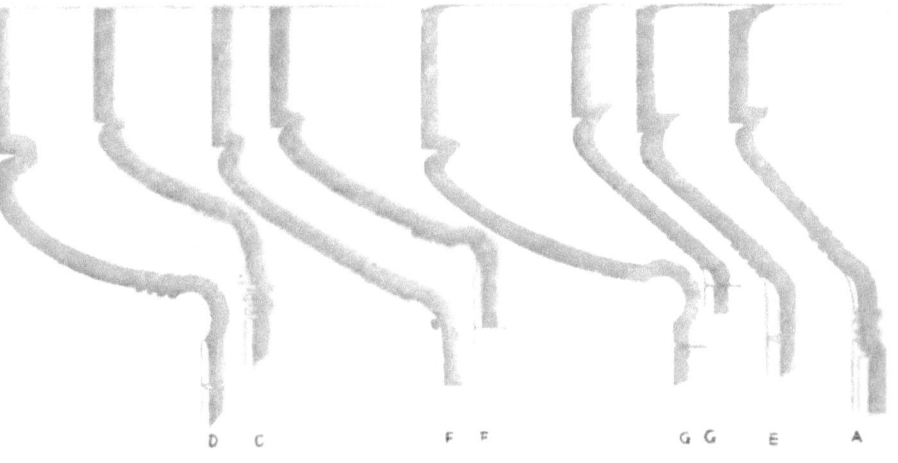

VI

Die voreilige Benennung von Tempelruinen, welche in früheren Zeiten Sitte war, hat an manchen Orten, wie in Pompei und Girgenti, den Uebelstand erzeugt, dass mehrere Namen für ein und dasselbe Gebäude aufkamen und sich als beschwerlicher Ballast im Gebrauch der Literatur nebeneinander erhielten. Auch in Selinunt haben Versuche dieser Art nicht ganz gefehlt: so ist der Tempel C der Akropolis abwechselnd dem Herakles, Zeus Agoraios, Apollon etc. zugesprochen worden[2]. Da ihnen aber zu augenscheinlich jede Berechtigung fehlte, so hat man sich allgemein begnügt die Gebäude nicht nach ihren vermuthlichen Gottheiten, sondern nach ihrer räumlichen

---

der Cella entsprechend, drei Thüren in der Wand des Pronaos an, während Cavallari und die neue Aufnahme in Gailhabaud's Denkmälern der Baukunst herausgeg. von Lohde Taf. 43 sie nicht kennen.
[1] Hittorff restitution du Temple d'Empedocle, ou l'architecture polychrôme chez les Grecs; recueil des monuments p. 78 folg.

[2] Otfr. Müller kleine deutsche Schriften II p. 175, 479 betrachtete E und F als Aphidrymata von A und C wegen der Aehnlichkeit des Grundplans, und sah in C und F Heiligthümer der Athene, in A und E Tempel des Ares und der Aphrodite. Steiner Amazonenmythus p. 93 wollte E für einen Tempel des Apollon und der Artemis erklären.

Aufeinanderfolge mit Buchstaben (A—G¹) zu bezeichnen. Für diese Enthaltsamkeit ist man jetzt durch den glücklichen Fund von Urkunden entschädigt, welche einige Tempel theils sicher theils wahrscheinlich zu bestimmen erlauben. Drei Inschriften sind es, welche diesen Dienst erweisen; es sind zugleich die einzigen die wir von Selinunt besitzen.

Die erste und bedeutendste ist im Frühjahr 1871 auf der linken Ante des Adyton im Tempel G (Tafel XIII 5) gefunden worden. Sie stand in einer Höhe von 2ᵐ,40 vom Fussboden an gerechnet, auf einem 1ᵐ,40 breiten, 0ᵐ,43 hohen, 0ᵐ,60 dicken Blocke, welcher zur vierten Steinlage gehörte, und nimmt die der Längenachse des Tempels parallele Breitseite desselben in der Weise ein, dass sie, zwischen zwei rechts und links ausgesparten Streifen, dicht unter dem obern horizontalen Rande beginnt und ein Stück von dem untern horizontalen Rande aufhört. Der Block war in Fragmente zerborsten, von denen sich nur acht vorfanden, so dass die inschriftliche Seite nicht vollständig wiedergewonnen werden konnte; indessen liess das Ineinandergreifen der Bruchflächen, zumal bei der ungewöhnlichen Dicke des Steins, über die Zusammengehörigkeit der Schriftstücke nicht im Ungewissen. Das folgende Facsimile ist unter Benutzung zweier Papierabklatsche, die ich Herrn Professor W. Henzen und Herrn Professor A. Salinas verdanke, nach einer von Cavallari mitgetheilten wohlgelungenen Photographie angefertigt. Nach der mannigfaltigen Behandlung²), welche die Inschrift im Laufe des letzten Jahres erfahren hat, wird es statthaft sein sich auf Klarstellung ihrer wichtigsten Ergebnisse zu beschränken.

Eine mehr als annähernde Zeitbestimmung der Urkunde ist weder durch ihren Inhalt ermöglicht noch durch paläographische Vergleichung, da archaische Inschriften von Megara und seinen Colonien bisher gefehlt haben. Dass sie nicht jünger als das fünfte Jahrhundert sein könne, wurde schon die Geschichte von Selinunt wahrscheinlich machen und lehrt ihre Orthographie mit Be-

---

¹) Hittorff hat zuerst die Tempel mit Buchstaben bezeichnet, und zwar diejenigen der Akropolis mit A—D, diejenigen des östlichen Plateaus mit R S T. Serradifalco führte für die drei letzteren die Buchstaben E F G ein, welche seither gebräuchlich geblieben sind.

²) Den Anfang einer Aufzählung hat G. Pitrè le lettere, le scienze e le arti in Sicilia, Palermo 1872 p. 141 not. 1 gemacht. Das folgende durch die Güte von A. Holm vermehrte Verzeichniss macht keinen Anspruch auf Vollständigkeit: Giornale di Sicilia 5. Maggio 1871 (Cavallari); Rivista Sicula Ag. 1871 (Ugdulena); Nicc. Di-Carlo cenni critici sopra ... Palermo 10. Sett. 1871; Precursore von Palermo 29. sett. 1871; Rassegna archeologica no. 2 (Salinas); Nicc. Di-Carlo, lettera al Sig. Verdi-Arvci sopra... Palermo 1871 pp. 110; Rivista filol. Verona 1 fasc. 3 (N. Camarda); Bullett. d. commiss. no. IV (Holm); Nachrichten d. Gött. Gesellsch. d. Wiss. 29. Nov. 1871. (H. Sauppe); Rivista filol. lett. 1 fasc. 5 (N. Camarda); Giornale di Sicilia 13. Dec. 1871 (N. Camarda); (Rivista Sicula Dec. 1871 (Ugdulena); Febbr. 1872 (Holm); N. Camarda iscriz. Selinunt., edizione seconda Palermo 1872; Nicc. Di-Carlo, terzo discorso sopra ..., s. l. et a.; Demetrio Camarda sull' epigr. Selinunt. Livorno 1872 pp. 29. 8°; Rivista fil. lett. 1 sem. 2 fasc. 6 (N. Camarda); Rhein. Mus. für Philol. N. F. XXVII p. 353—371 (Holm); Bullett. d. inst. 1872 p. 272 (Benndorf).

4*

stimmtheit. Ebenso fehlen alle Anzeichen, dass sie über das fünfte Jahrhundert zurückreiche. Die Buchstaben zeigen eine relativ fortgeschrittene Entwickelung des archaischen Typus. Lediglich die seltene alterthümliche Form des B M in der zweiten Zeile und die durchgehend gesetzte ältere Gestalt des V, welche auf selinuntischen Silbermünzen des fünften Jahrhunderts schon in die spätere Y übergeht, können abhalten einen jüngeren Ursprung als die Mitte des fünften Jahrhunderts anzunehmen.

Die Inschrift weicht in ihrer wunderlichen Fassung so weit von allem Bekannten ab, dass man bei der Ergänzung und Erklärung, ohne den Anhalt einer Analogie, überdies getäuscht durch unvollkommene Reproductionen, die Wahrheit in den verschiedensten Richtungen suchen konnte. Die Art ihrer räumlichen Aufzeichnung lehrt zunächst, dass sie abgeschlossen und vollständig sei. Auch ist vollkommen deutlich, dass sie erstens eine Aufzählung von Schutz- und Siegesgottheiten, ferner einen Beschluss ihnen zu Ehren ein Weihgeschenk zu stiften, schliesslich eine Bestimmung über Anfertigung, Aufstellung und Werth desselben enthalte. Die Motive des Beschlusses sind, wie andere Umstände, über die man Aufschluss erwarten sollte, verschwiegen. Als historischer Anlass kann indessen kaum etwas Anderes als ein vorausgegangener Kampf, in welchem sich die Hilfe der Götter bewährte, und ein öffentliches Gelübde gedacht werden; die Inschrift selbst deutet dies an, in der siebenten Zeile, wo vom Eintritt eines freundschaftlichen Verhältnisses die Rede ist (φιλίας δὲ γενομένας). Eine sichere Ueberlieferung über ein solches Ereigniss liegt nicht vor; aber die Möglichkeit ist wie mir scheint nicht ausgeschlossen, dass ein von Diodor i. J. 454/3 erwähnter Kampf den Anlass gegeben habe.

Diodor sagt: Ἐπ' ἄρχοντος δ' Ἀθήνῃσιν Ἀριστωνος Ῥωμαῖοι μὲν κατέστησαν ὑπάτους Κόιντον Φάβιον Οὐιβουλανὸν καὶ Λεύκιον Κορνήλιον Κουρίτιον, ἐπὶ δὲ τούτων Ἀθηναίοις καὶ Πελοποννησίοις πενταετεῖς ἐγένοντο σπονδαί, Κίμωνος τοῦ Ἀθηναίου συνθεμένου ταύτας. κατὰ δὲ τὴν Σικελίαν Ἐγεσταίοις καὶ Λιλυβαίοις ἐνέστη πόλεμος περὶ χώρας τῆς πρὸς τῷ Μαζάρῳ ποταμῷ γενομένης δὲ μάχης ἰσχυρᾶς συνέβη πολλοὺς παρ' ἀμφοτέροις ἀναιρεθῆναι καὶ τῆς φιλοτιμίας μὴ λῆξαι τὰς πόλεις. μετὰ δὲ τὴν πολιτογραφίαν τὴν ἐν ταῖς πόλεσι γενομένην καὶ τὴν ἀναδασμὸν τῆς χώρας, πολλῶν εἰκῆ καὶ ὡς ἔτυχε πεπολιτογραφημένων, ἐνόσουν αἱ πόλεις καὶ πάλιν εἰς πολιτικὰς στάσεις καὶ ταραχὰς ἐνέπιπτον μάλιστα δὲ τὸ κακὸν ἐπεπόλασεν ἐν ταῖς Συρακούσαις κτλ.

Hier befremdet die Erwähnung von Lilybaion, welches erst nach der durch Dionysius im Jahre 397 vollzogenen Zerstörung von Motye, gewissermassen als eine Fortsetzung dieser Stadt, mit deren überlebenden Einwohnern von den Karthagern gegründet wurde. Sie ist um so auffälliger, als Diodor selbst oder vielmehr derselbe sicilische Gewährsmann dem er folgt, wahrscheinlich Timaios[2], die Entstehung der Stadt Lilybaion genau berichtet[3] und an einem andern Orte, wo er die Landung Hannibals an der Südwestspitze Siciliens im Jahre 409 erzählt, geflissentlich daran erinnert, dass eine Stadt Lilybaion zu dieser Zeit noch nicht existirt habe[4]. Um einen so schwer denkbaren Irrthum zu beseitigen, hat man die Erwähnung von Lilybaion nur als einen incorrecten Ausdruck für Motye gelten lassen wollen[5]. Damit wäre aber das karthagische Motye

---

[1] Diodor XI 86, 1—3.
[2] Volquardsen Untersuchungen über die Quellen der griech. und sicil. Gesch. bei Diodor p. 80 folg.
[3] Diodor XXII 10. ἡ πλὴν τοῦ Λιλυβαίου· αὕτη γὰρ ἡ πόλις ὑπὸ Καρχηδονίων ἐκτίσθη μετὰ τὴν ἅλωσιν τῆς Καρχηδονίων Μοτύης ὑπὸ Διονυσίου τοῦ τυράννου· τοὺς γὰρ ἐκ ταύτης ὑπολειφθέντας ἀθροίσαντες κατῴκισαν εἰς τὸ Λιλύβαιον.

[4] Diodor XIII 54. ἵνα δ' Ἀννίβας ἐκπλήξας τὴν δύναμιν καταστρατοπεδεύσῃ, ἀρξάμενος ἀπὸ τοῦ φρουρίου ὃ κατ' ἐκείνους μὲν τοὺς καιροὺς ὠνομάζετο Λιλύβαιον, μετὰ δὲ ταῦτα πολλοῖς ἔτεσι πρὸς αὐτῷ κτισθείσης πόλεως αἴτιον ἐγενήθη τῇ πόλει τῆς ἐπωνυμίας.
[5] So schon Wesseling.

gegen alle Wahrscheinlichkeit mit einer Stadt, welche zu allen Zeiten den Puniern eng befreundet war, in eine Feindseligkeit gebracht, welche noch dazu am Mazarafluss, der das Gebiet von Motye wohl gegen Selinunt schwerlich aber gegen Segesta begränzte, unmöglich hätte zum Austrag kommen können. Man musste dann, wie Schubring[1] unter Zustimmung von A. Holm vorschlug,[2] zum Mindesten die weitere Hypothese zu Hilfe nehmen, dass in Folge eines Schreibfehlers Ἐγεσταίοις anstatt Σελινουντίοις gesetzt worden sei. Immerhin bliebe die Hauptschwierigkeit bestehen: ein Anachronismus wäre im Grunde nur durch einen neuen ersetzt, ohne dass man einem über sicilische Verhältnisse so genau unterrichteten Schriftsteller den einen eher als den andern imputiren dürfte.

Jeder Anstoss würde wegfallen, wenn sich eine Vermuthung Grote's[3] begründen liesse, dass es sich vielmehr um einen Krieg zwischen Segesta und Selinunt handle. Diese Vermuthung empfiehlt sich in der That schon dadurch, dass sie mit grösserer Leichtigkeit alle Bedenken an derjenigen Stelle welche allein anstössig erscheint, in dem Worte Ἀλοβαίοις, hebt. Die Abänderung desselben in Σελινουντίοις lässt sich graphisch allerdings nicht besser als die von Schubring vorgeschlagene gleiche Abänderung von Ἐγεσταίοις rechtfertigen, wird aber um so wahrscheinlicher durch eine Reihe innerer Gründe. Wenn die ganze Erzählung nicht überhaupt lückenhaft überliefert ist, so deutet ihre Schlusswendung καὶ συνέβη πολλοὺς παρ' ἀμφοτέροις ἀναιρεθῆναι καὶ τῆς φιλοτιμίας μὴ λῆξαι τὰς πόλεις mit Bestimmtheit an, dass der geschilderte Kampf nicht ein einmaliges Ereigniss sondern nur ein Akt einer tieferliegenden Eifersucht der kriegführenden Staaten war. So weit unsere Kenntnisse reichen, passt dieses Verhältniss lediglich auf den alten Hader zwischen Selinunt und Segesta. Diese Städte waren in direkter Linie durch ein Gebirgsland geschieden, welches um so weniger Objekt eines ernsthaften Streites werden konnte, da dasselbe nach einer allgemein gebilligten und wohlbegründeten Annahme der Sikanerstadt Halikyai jetzt Salemi gehörte[3]. Offenbar war es die fruchtbare offene Ebene im Westen, die der Mazarafluss durchströmt, in welcher beide Staaten sich zu vergrössern strebten und wiederholt aneinander geriethen. Nur die Unmöglichkeit hier eine feste Gränze zu gewinnen, und die hohe Bedeutung eines solchen Besitzes macht ihre weit über ein Jahrhundert währende zähe Feindseligkeit, wie mir scheint, überhaupt verständlich. Zudem ist bestimmt überliefert, dass sich das Gebiet von Selinunt im Westen bis an den Mazarafluss erstreckte.

Die Vermuthung Grote's gewinnt aber einen noch höheren Grad von Wahrscheinlichkeit, wenn man die nächstfolgende Stelle, in welcher zuerst die Geschichte von Selinunt und Segesta wieder aufgenommen wird, unmittelbar mit der in Rede stehenden vergleicht. Diodor sagt[4]: περὶ δὲ τοὺς αὐτοὺς χρόνους (i. J. 416) κατὰ τὴν Σικελίαν Ἐγεσταῖοι πρὸς Σελινουντίους ἐπολέμησαν περὶ χώρας ἀμφισβητησίμου, ποταμοῦ τὴν χώραν τῶν διαφερομένων πόλεων ὁρίζοντος. Σελινούντιοι δὲ διαβάντες τὸ ῥεῖθρον τὸ μὲν πρῶτον τῆς παραποταμίας βίᾳ κατέσχον. μετὰ δὲ ταῦτα καὶ τῆς προσκειμένης χώρας πολλὴν ἀποτεμόμενοι κατεφρόνησαν τῶν ἠδικημένων. οἱ δ' Ἐγεσταῖοι παροξυνθέντες τὸ μὲν πρῶτον διὰ τῶν λόγων πείθειν ἐπεβάλοντο μὴ ἐπιβαίνειν τῆς ἀλλοτρίας γῆς· ὡς δ' οὐδεὶς αὐτοῖς προσεῖχεν, ἐστράτευσαν ἐπὶ τοὺς κατέχοντας τὴν χώραν, καὶ πάντας ἐκβαλόντες ἐκ τῶν ἀγρῶν αὐτοὶ τὴν χώραν κατέσχον. γενομένης δὲ διαφορᾶς μεγάλης ἀμφοτέραις ταῖς πόλεσι, στρατιώτας ἀθροίσαντες διὰ τῶν ὅπλων ἐποιοῦντο τὴν κρίσιν κτλ. Hier scheinen die Worte περὶ χώρας ἀμφισ-

---

[1] Schubring a. a. O. p. 122. Philologus 24 p. 62.
A. Holm Geschichte Siciliens I p. 257 und 431.
[2] Grote Geschichte Griechenlands IV p. 111 der deutschen Uebersetzung. Anmerkung 49 «Der Krieg welchen er (Diodor), als habe er einige Jahre vorher zwischen Egesta und Lilybäon im Jahre 454 vor Chr. stattgefunden XI 86. erwähnt, mag wahrscheinlich ein Krieg zwischen Egesta und Selinunt gewesen sein.»

[3] A. Holm Geschichte Siciliens I p. 61 und 358.
[4] Diodor XII 82.

βητησίμου ποταμοῦ — ὁρίζοντος geradezu auf die Worte der ersten Stelle περὶ χώρας τῆς πρὸς Μαζάρῳ ποταμῷ Bezug zu nehmen, um so mehr da gegen alles Erwarten der Name des Flusses an der zweiten Stelle nicht genannt ist; und der Ausdruck ἀμφισβητήσιμος wie der ganze Hergang der Ereignisse im Jahre 416 wurde erst volles Licht erhalten, wenn der im Jahre 454 erzählte Kampf sich auf Selinunt und Segesta bezöge. Es müsste in der That als ein sehr wunderbarer Zufall betrachtet werden, wenn Segesta, im Jahr 454 sowohl als im Jahre 416, beidemale an einem Grenzflusse und beidemale um ein streitiges Stück Land mit einem Nachbarstaat sich bekriegt und nicht beidemale denselben Gegner gehabt haben sollte.

Ist das Resultat dieser Untersuchung richtig, so wäre ein kriegerisches Ereigniss der Geschichte von Selinunt festgestellt, welches nicht blos der Zeit nach, sondern wegen seines eigenthümlichen Charakters mit einiger Wahrscheinlichkeit als Veranlassung der Inschrift gedacht werden konnte. Einen Sieg der Selinuntier über die Segestaer im Jahre 454 erwähnt Diodor nicht. Auch die Inschrift spricht nicht von einem vollzogenen Siege, denn die Präsensformen νικῶντι und νικῶμες in Zeile 1 und 2 sind offenbar mit besonderm Vorbedacht gewählt. Im Gegentheil berichtet Diodor von einem unentschiedenen Kampfe, welchem in Folge beiderseitiger grosser Verluste ein Ende gemacht worden sei, ohne dass es zu einem wirklichen Frieden hätte kommen können. Vielleicht könnte kein Thatbestand besser als dieser die ganze räthselhafte und behutsame Fassung der Inschrift erklären. Sicher wurde nur durch ein ähnliches Sachverhältniss das seltsame Verschweigen des Gegners und der unbestimmte weder den Abschluss eines Bundnisses noch eines Friedens bezeichnende Ausdruck in Zeile 7 φιλίας γενομένας prägnante Bedeutung gewinnen.

Als Verleiher des Sieges sind im Ganzen zehn Gottheiten aufgeführt. Dass der selinuntische Cultus damit nicht erschöpft sei, lehrt der bedeutsame Zusatz am Schluss des Verzeichnisses, welcher auch der andern Götter καὶ διὰ τοὺς ἄλλους θεούς gedenkt, um keinem ungenannten zu nahe zu treten. Auch sind ausserdem Culte der Hera, des Dionysos und der Aphrodite bekannt[1], welche hier fehlen. In der Reihenfolge, in welcher die Götter aufgeführt werden, lässt sich schwerlich ein Princip erkennen, wenn man nicht etwa in der Voranstellung der sieben männlichen, der Nachstellung der drei weiblichen Gottheiten eine besondere Absicht sehen will. Unmöglich kann sie ihren verschiedenen Rang, wie man angenommen hat, veranschaulichen sollen. Der hauptsächliche und vollkommen klare Werth des Verzeichnisses besteht vielmehr darin, dass es die innige Beziehung erkennen lässt, in welcher Selinunt durch die gleichen Culte mit der Mutterstadt Megara Nisaia[2] stand. Vier von den Göttern der Inschrift, Zeus, Apollon, Athene und Demeter lassen sich auch in Megara nachweisen.

Zeus wird in gebührender Weise zuerst genannt und am Ende Zeile 6 und 7 διὰ δὲ Δία μάλιστα noch einmal besonders hervorgehoben. Ein Altar des Zeus Agoraios ist für Selinunt durch Herodot[3] bezeugt.

Unter Phobos ist nicht der Sohn des Ares nach Hesiod, oder ein Diener und Begleiter dieses Gottes nach Homer zu verstehen[4], sondern allem Anschein nach Ares selbst »als Schrecken der Feinde«. Phobos ist als Bezeichnung für Ares noch nicht nachgewiesen, wird aber öfters als

---

[1] Auf einen Cultus des Dionysos und der Aphrodite lässt Pausanias VI 19, 3 und Zenobius prov. I 31 der Ausgabe von Leutsch und Schneidewin schliessen, vergl. O. Müller Dorier I p. 406.

[2] Ueber die Götterculte von Megara vergl. Reinganum Megaris p. 113 folg.

[3] Herodot V 16 οἱ γὰρ μὲν Σελινούσιοι ἐπαναστάντες ἀπέκτειναν καταφυγόντα ἐπὶ Διὸς ἀγοραίου βωμόν.

[4] Starck Berichte der sächs. Ges. der Wiss. 1865 p. 211. Stephani compte-rendu 1866 p. 74.

Gott und göttlicher Ehren theilhaftig genannt; in Sparta war ihm ein Heiligthum geweiht und in Athen soll ihm Theseus vor dem Amazonenkampfe geopfert haben¹). Der Cultus des Herakles war wie derjenige des Apollon, der auch in der dritten Inschrift erwähnt wird, durch Darstellungen selinuntischer Münzen bekannt. Neu hingegen ist die Verehrung des Poseidon, welche selbstverständlich einer Seestadt, die eine eigene Flotte unterhielt, nicht fehlen konnte, und des Kastor und Polydeukes, die wie in dem benachbarten Akragas, den Namen der Tyndariden² führen.

Athene wird ausserdem in der dritten Inschrift genannt.

Unter Malophoros ist Demeter zu verstehen, die denselben Beinamen in der Mutterstadt Megara Nisaia und auch in einer andern Colonie derselben, in Byzanz,³) führte. Der Sinn desselben ist nicht hinreichend sicher zu erweisen. Nach einer Beobachtung von Ahrens, welche allerdings lediglich auf handschriftlichen Ueberlieferungen des Pindar basirt⁴), verstanden die Dorier unter μῆλα Schafe unter μᾶλα Aepfel, so dass μαλοφόρος Spenderin von Baumfrüchten bedeuten würde. Dieselbe Auffassung der Demeter μηλοφόρος liegt in einem Scholion der Ilias vor⁵). Zur Erklärung ihres Namens in Megara Nisaia aber bemerkt Pausanias⁶) ausdrücklich und wie wohl anzunehmen ist nach Autopsie eines Cultusbildes, dass sie von den ersten Schafzüchtern so benannt worden sei: ἐς δὲ τὸ ἐπίκλην — καταλδοῦσιν ἱερόν Δήμητρός ἐστι Μαλοφόρου. λέγεται δὲ καὶ ἄλλα ἐς τὴν ἐπίκλησιν, καὶ τοὺς πρώτους πρόβατα ἐν τῇ γῇ θρέψαντας Δήμητρα ὀνομάσαι Μαλοφόρον, καταρρυῆναι δὲ τῷ ἱερῷ τὸν ὄροφον τεκμαίροιτο ἄν τις ὑπὸ τοῦ χρόνου. Pausanias deutet allerdings in diesen Worten das Vorhandensein anderer Legenden an; er sagt aber weder, dass dieselben eine verschiedene Bedeutung des Beinamens lehrten, noch, wenn er dies meinen sollte, dass sie in Megara und nicht anderwärts im Gange waren. Ohnehin wird seine Auffassung durch den Umstand empfohlen, dass Megara durch seine Schafzucht berühmt war⁷), und sie würde voraussichtlich auch durch eine Untersuchung über die Attribute der Demeter in der bildenden Kunst eine Stütze finden⁸).

In der unmittelbar nach Demeter genannten letzten Göttin Pasikrateia hat man gewiss richtig Kore vermuthet, welche ähnliche Beinamen führt⁹).

Auf das Verzeichniss der Götter folgt eine Bestimmung über ein Weihgeschenk welches ihnen zu Ehren gestiftet werden soll. Gegen die Gewohnheit ist sie im blossen Infinitiv ohne verbum finitum angegeben, eine Kürze des Ausdrucks, welche sich vielleicht, wie Sauppe annimmt, als summarischer Auszug aus dem bezüglichen Psephisma erklärt, jedenfalls in der Fassung

---

¹) Panofka hyperboräisch-röm. Studien I p. 257. Welcker Götterlehre III p. 212 folg. Plutarch Cleomenes 6, Theseus 27.
²) Pindar Olymp. 3. 1.
³) Nach dem Vocabularium des Papias führte in Byzanz der Monat September diesen Namen, vergl. Philologus II p. 248 Brücker, p. 262 folg. K. F. Hermann).
⁴) Ahrens de dialecto dorica p. 153.
⁵) Schol. B zu Hom. Il. IX 542 ἄνθεσι μήλων] ἐξ ἑνὸς τὸ πᾶν ·καὶ μηλέαι ἀγλαόκαρποι· Od. 7. 115 . μηλοφόρον δὲ καὶ τὴν Δήμητρα καλοῦσιν. — Die Bedeutung von μᾶλα in Callim. hymn. in Cer. 137 φέρε βοῦς, φέρε μᾶλα, φέρε στάχυν, οἶαν θερισμόν ist zweifelhaft.
⁶) Pausanias I 44, 3.
⁷) Diogenes Laertius VI 41 ἐν Μεγάροις ἰδὼν

Diogenes τὰ μὲν πρόβατα τοῖς δέρμασιν ἐσκεπασμένα, τοὺς δὲ παῖδας αὐτῶν γυμνούς, ἔφη πλυσιτελέστερόν ἐστι Μεγαρέως κριόν εἶναι ἢ υἱόν.» Aelian var. hist. XII 56. Plin. hist. nat. VII 196. Plutarch de cup. div. c 1. Daraus erklärt sich Xenophon mem. II 7, 6 Μεγαρέων δ᾽ οἱ πλεῖστοι ἀπὸ ἐξωμιδοποιίας διατρέφονται.
⁸) Demeter Malophoros ist ohne jede Gewähr erkannt worden von Panofka Terracotten des Berliner Museums Taf. 56, 1 in einer Statuette, welche Aepfel in einer Schale hält; und auf Münzen von Pagae in Megarischen, welche vielmehr Artemis darstellen, wie Stephani Compte-rendu 1869 p. 52 nachweist.
⁹) Preller Demeter und Persephone p. 191. In einer stadtrömischen Inschrift C. I. G. III no. 6609 ist Πασικράτει[α] allem Anschein nach mit Recht von Muratori als Frauenname erkannt worden.

einiger erhaltener Cultusvorschriften[1] sichere Analogien findet. Diese ungewöhnliche Construction und die lückenhafte Ueberlieferung haben an dieser Stelle das Verständniss der Inschrift in hohem Grade erschwert. Von allen bisherigen Erklärungsversuchen ist es nur dem von Sauppe aufgestellten gelungen einen an sich möglichen Sinn durchzuführen; er verpflichtet allein zu einer eingehenden Prüfung.

Sauppe ergänzt: ›φιλίας δὲ γενομένας ἐγχρυσέους; ἐλάσαντας τὰ δ᾽ ὀνόματα ταῦτα κολάψαντας ἐς τὸ προςλαωνον καθέμεν τοῦ Διὸς Ἀγοραίου καὶ ἐς τόδε χρυσίον ἑξήκοντα τ αλάντων ἐς μεν‹ d. h. da aber Frieden geworden ist, so soll man sie (die vorhergenannten Götter), nachdem man sie in vergoldetem Erze gebildet und die Namen (da, wo sie jetzt stehen) eingehauen, in das Prophlionion des Zeus Agoraeos stellen, und zu diesem Zweck sechszig Talente geben.« — Sauppe begründet diese Herstellung dadurch, dass das Weihgeschenk bei der hervorragenden Bedeutung, welche die Inschrift dem Zeus beimesse, nur in seinem Heiligthum aufgestellt worden sein könne, ferner durch die Erwähnung eines Altars des Zeus Agoraios bei Herodot[2], und durch den Fundort der Inschrift auf einer Ante des Adyton. Er versteht unter dem neugebildeten Deminutivum προςλαιώνιον des Ausdrucks προςλιών, den er nach Analogie von προπυλών προθυρών προκοιτών voraussetzt, den Raum oder die Estrade vor der Ante.

Gesichert ist in dieser Herstellung Zeile 7 und 8 ἐγχρυσέους, da der dritte Buchstabe von Zeile 8 wegen des geringen Spatiums nur Ι oder Σ gewesen sein kann und nur der letztere Buchstabe einen Sinn gibt; ebenso der Anfang von Zeile 11 ἑξήκοντα ταλάντων und die Participia ἐλάσαντας, κολάψαντας. Auch empfiehlt sich τὰ δ᾽ ὀνόματα in Zeile 8 anstatt des früher beliebten καὶ ὀνόματα. Von den übrigen Vermuthungen lässt sich, wie ich glaube, nachweisen, dass sie das Richtige nicht getroffen haben.

Auffällig erscheint zunächst die von der gewöhnlichen Sprache ähnlicher Inschriften ohne ersichtlichen Grund abweichende Stellung der Worte ἐς τὸ προςλαιώνιον καθέμεν τοῦ Διὸς Ἀγοραίου mit nachschleppendem Genitiv. Hart ist ferner die Beziehung von ἐς τόδε, das man naturgemäss mit dem vorhergehenden Infinitiv verbinden würde, aber nothwendiger Weise, da es sich nicht um Gold sondern um Gold handelt, nur mit dem zurückliegenden subordinirten Particip ἐλάσαντας verbinden darf. Auch würde eine so specialisirte Angabe des Aufstellungsorts im Tempel zu den Seltenheiten gehören. Derartigen Bedenken wird man indessen bei dem ungewöhnlichen Charakter[1] der ganzen Inschrift kein besonderes Gewicht beizumessen haben. Dagegen erscheint die Existenz eines Wortes προςλαιώνιον trotz aller formellen Möglichkeit unglaublich. Wie es an sich natürlich ist, lehren die Worte πρόναος, προπύλαιον, πρόθυρον, ὑπαίθοδομος und andere ähnliche Ausdrücke, dass man nur bedeutende und hervorstechende Theile der Architectur zur Bezeichnung einzelner Tempelräume benutzt habe. Die Ante ist aber ein so wenig in die Augen fallendes Glied der

---

[1] Am meisten entspricht eine Inschrift, welche sich bei dem von Xenophon errichteten Tempel der ephesischen Artemis in Skillus bei Olympia auf einer Stele befand (Xenophon Anab. V 3, 13) und gleichlautend auf einer in Ithaka gefundenen Stele steht (C. I. G. III no. 1926. ἱερὸς ὁ χῶρος τῆς Ἀρτέμιδος· τὸν ἔχοντα καὶ καρπούμενον τὴν μὲν δεκάτην καταθύειν ἑκάστου ἔτους· ἐκ δὲ τοῦ περιττοῦ τὸν ναὸν ἐπισκευάζειν, ἂν δέ τις μὴ ποιῇ ταῦτα, τῇ θεῷ μελήσει. — Ueber inschriftliche Cultusvorschriften vergl. K. Keil Philol. Suppl. II p. 519.

[2] Overbeck Kunstmythologie II I p. 206 schliesst aus dem Umstande, dass an den meisten Orten nur ein Altar, nicht eine Statue des Gottes (Zeus Agoraios) genannt wird, in Verbindung mit dem andern, dass auch die nikaeischen Münzen nur den Altar darstellen«, »auf einen überwiegend bildlosen Cultus« des Zeus Agoraios.

[3] Ohne Grund wechseln in Zeile 1 und 2 die Formen νικῶντι und νικῶμας. Der Artikel ist in dem Götterverzeichniss willkürlich gesetzt, er steht nur bei zweien in Zeile 2 und fehlt namentlich bei der Wiederholung διὰ δὲ Δία in Zeile 6 (bei Zeus in Zeile 2 steht er vielleicht absichtlich um eine dittographische Wiederholung von ΔΙΑ zu vermeiden). Διΐ ist zweimal vor Vokalen apostrophirt, das dritte Mal (Zeile 3) nicht.

Mauer und steht so ganz ausser Bezug zu einem Raume vor ihr, dass sie für die vorgeschlagene Wortbildung schlechthin ungeeignet erscheint. Sollte diese letztere dennoch zugelassen worden sein, so würde immerhin ihre Anwendung auf einen Raum befremden, wo zwei Anten nebeneinander eine Thür bildeten, also nicht eine Ante, sondern die Thür (πρόθυρον) in natürlicher Weise zur Raumbestimmung hätte benutzt werden müssen; die Anwendung des Deminutivs aber bei einem der grossräumigen Tempel des gesammten Alterthums würde geradezu einen Widerspruch enthalten. Und dies Alles zugegeben, müsste man noch immer fragen, welches Prophlionion im Tempel gemeint sei; denn derselbe hatte mindestens drei, an den beiden Enden der Cella und am Eingang des Adyton.

Um einen so mannigfach bedenklichen Sinn zu gewinnen hat Sauppe die graphische Ueberlieferung, wie sie ihm vorlag, an zwei Stellen verändern müssen. Die seither ermöglichte genauere Feststellung der erhaltenen Schriftzüge lehrt, dass die Discrepanz seines Textes noch viel weiter reicht:

1) In der Lücke vor den drei letzten Buchstaben der Schlusszeile ist nicht Raum für zwei, sondern nur für einen Buchstaben; dies kann, auch nach einer Spur des Abklatsches, kein anderer als E gewesen sein. Es ist daher nicht δόμεν sondern ἔμεν zu schreiben.

2) In Zeile 10 sind die fragmentirten Buchstaben ντ sicher, so dass nur die Lesung ... ντες ˙ τὸ δὲ χρυσίον — ἔμεν zulässig ist.

3) In Zeile 10 kann der erste Buchstabe auf dem mittleren Fragment nur <, nicht O sein, da er links einen deutlichen Winkel und unten nur eine zufällige Beschädigung zeigt, welche sich in die nach oben vollkommen glatte Fläche nicht fortsetzt. Die Zeichen < P A können daher nur zu einem Particip gehören, dessen Nominativendung ντες unmittelbar folgt.

4) In Zeile 9 ist προφλιώνιον unmöglich, weil der fragmentirte Buchstabe Ɔ, dessen intacte Innenfläche keine Spur eines senkrechten Striches zeigt, kein Φ sein kann, weil ferner für das erste I des Worts ein zu breites Spatium gelassen wäre, und weil anstatt des Π ein Buchstabe mit einer schrägen Hasta, und zwar nur ein M, Λ oder A indicirt ist. Die erhaltenen Züge dieser Stelle fügen sich vielmehr nur dem Worte 'Απολλώνιον, wie Holm und Ugdulena richtig erkannt haben.

Damit ist ein Text gewonnen, welcher den nachschleppenden Genetiv, die Beziehungslosigkeit von ἐς τόδε, die Schwierigkeiten des Wortes προφλιώνιον beseitigt; und nur für die Stelle der zehnten Zeile το διο .... γρα .. ντες blieb eine Ergänzung zu suchen. Auf Grund der obigen Feststellungen ist es A. Holm geglückt dieselbe zu finden. Sein Vorschlag τὸ Διὸς (nämlich ὄνομα) προγράψαντες erscheint zwar auch auf den ersten Blick nicht ohne Anstoss. Aber ὄνομα ist offenbar nicht schwerer zu suppliren als αὐτοὺς nach den Worten ἐγχρυσέους ἐλάσαντας, und der seltsame Wechsel der an sich gleich möglichen Casus ἐλάσαντας und προγράψαντες findet Entschuldigung durch die Stellung vor und nach dem Infinitiv und ist durch analoge Beispiele[1]) hinreichend geschützt; er ist überdies gar nicht Conjectur, sondern Thatsache. Trefflich empfiehlt sich aber die Vermuthung auch dadurch, dass sie indirekt den unerwarteten Aufstellungsort bestätigt: die dreifache geflissentliche Erwähnung des Zeus scheint die Beeinträchtigung entschuldigen und ausgleichen zu sollen, dass man Geschenk und Inschrift nicht in seinem Heiligthum, sondern in einem Tempel des Apollon geweiht habe.

Sonach würde der ganze Text lauten:

---

[1]) Krüger's griech. Sprachlehre 45, 2, 3 . 56, 9, 4.

Διὰ τοὺς θεοὺς τοὶ,ς δὲ νικῶντι τοὶ Σελινούν[τιοι.
δι ὰ τὸν Δία νικῶμες καὶ διὰ τὸν Φόβον [καὶ
δ[ιὰ] Ἡρακλέα καὶ δι' Ἀπόλλωνα καὶ διὰ Π[οσε-
ιδᾶ]να καὶ δι[ὰ] Τυνδαρίδας καὶ δι' Ἀθ[α-
ν]αί[αν καὶ διὰ Μ[α]λοφόρον καὶ διὰ Πασι[κ-
ρά]τ[ειαν καὶ δι[ὰ το]ὺς ἄλλους θεοὺς, [δ]ιὰ δ[ὲ] Δία
μά[λ]ιστ[α]. φιλί[ας δὲ] γενομένας ἐγχ[ι]ρυσ-
ίου[ς] ἐλά[σσ]ονταις, τὰ δ']όνύματα ταῦτα κολ-
άψαντ[ας ἐς τὸ [Ἀπ]ολ[λ]ώνιον καθθέμε-
ν, τὸ Διὸς προ]γρά[ψα]ντες· τὸ δὲ χρυσίον
ἐξ[η]οντα τ'αλάντων [ἔ]μεν.

Vielleicht das wichtigste Resultat der Inschrift ist, dass sie den Tempel G, in welchem sie gefunden wurde, sicher bestimmt. Denn dass derselbe identisch sein müsse mit dem in ihr erwähnten Heiligthum des Apollon, ist von Niemandem bezweifelt worden und lässt in der That keinen Zweifel zu.

Eine weitere Bestimmung erlaubt die zweite Inschrift[1], welche im Adyton des Tempels E, in der Nähe eines Altars, gefunden wurde und auf einer 0ᵐ,03 dicken, 0ᵐ,07 hohen, 0ᵐ,013 breiten Tufplatte, in Charakteren des ersten Jahrhunderts[2] vor unserer Zeitrechnung folgende Worte zeigt:

ΑΡΚΕΣΩΙ
ΑΙΣΧΥΛΟΥ
ΗΡΑΙΕΥΧΑΝ

Ἀρκεσῷ[3]
Αἰσχύλου
Ἥρᾳ εὐχάν

An und für sich freilich ist der Schluss von der Gottheit einer Votivinschrift auf die Gottheit des Tempels, in welchem sie geweiht wurde, nicht zwingender Natur; denn es kam vor, dass in einem Heiligthum auch anderen Göttern Weihgeschenke dargebracht wurden[4]. Hier aber handelt es sich um die einzige Votivinschrift, welche in dem ganzen blossgelegten Raume der Cella aufgefunden worden ist, und es wäre wunderbar, wenn gerade diese zu den Ausnahmen gehören sollte. Mit gutem Grund hat man daher in dem Tempel E ein Heraion erkannt.

Nicht in gleichem Grade einfach ist das Resultat, welches sich aus der dritten Inschrift, die auf der Akropolis zwischen den Tempeln C und D gefunden[5] wurde, gewinnen lässt. Sie

---

[1] Sie ist veröffentlicht worden von Niccolò Camarda im Giornale di Sicilia 1865 no. 174 und 202, Can. Caspare Viviani im Giornale di Sicilia 1866 no. 97 p. 3 (welcher übersetzt: «Arceseo figlio di Eschilo prega Giunone» und glaubt »che quell' Arceseo era figlio di quell' Eschilo che dimorava in Gela e che dettò le sue tragedie — e che quel tempio avea tanta fama che indusse Arceseo a peregrinare sino a Selinunte«), Schubring in den Nachrichten v. der Ges. zu Göttingen 1865 p. 135, F. Ritschl Rhein. Museum N. F. XXI p. 138 und 160 == opuscula I p. 784 folg., Cavallari bull. d. inst. 1868 p. 89, R. Förster archäolog. Zeitung 1871 p. 129.

[2] Sie entsprechen durchaus denjenigen der beiden attischen Inschriften bei Franz elem. epigr. no. 88, 89.

welche nachweislich aus der Mitte des ersten Jahrhunderts vor unserer Zeitrechnung stammen.

[3] Ueber die Schreibung von Femmina auf ω mit ι adscriptum vergl. Ritschl opuscula I p. 782 folg.

[4] Es genügt an die in den Schatzverzeichnissen des Parthenon aufgeführten Weihgeschenke anderer Götter zu erinnern, Michaelis Partheuon p. 292 folg.

[5] Cavallari bull. d. instit. 1868 p. 88 »più vicino allo stereobate dello stesso tempio (C) fra due colonne della fila settentrionale usci fuori di terra una cornicietta di tufo calcareo con modiglioni e parte della corona, nella quale si notava la seguente iscrizione« etc. worauf die Inschrift ohne weitere Angabe folgt.

ist auf einem 0m,15 hohen, 1m,15 langen Tufblock, welcher rechts abgebrochen und oben beschädigt ist, in Charakteren des fünften Jahrhunderts eingegraben, und lässt, obwohl fragmentirt, die Namen des Apollon Paian und der Athene erkennen:

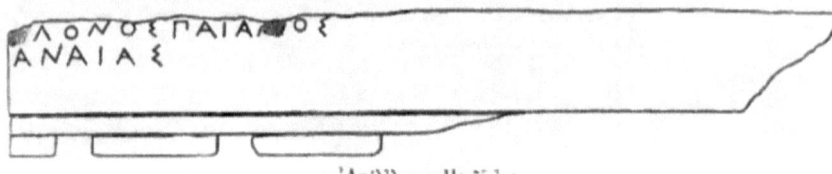

'Απόλλωνος Παιά[ν]ος
'Αθ]αναίας

Wie die Gliederung des Steines zeigt, gehörte er einem kleinen, über einem Triglyphenfriese befindlichen dorischen Geison an, dessen Stirnfläche, wenn ich mich recht erinnere, nicht mehr als diese zwei Zeilen enthalten konnte. Da es sich offenbar nur um eine kurze Aufschrift handelt und die Grössenverhältnisse des Geison eine bedeutende Ausdehnung in die Breite nicht wohl erlauben, so ist wahrscheinlich, dass die Inschrift sich nur auf den nächstanstossenden Block fortsetzte. Die Symmetrie würde dann erfordern, dass beide Zeilen sich auf demselben, von der senkrechten Stossfuge aus, gleichweit nach links erstreckten, beispielsweise:

HIAPONTOAPO | ΛΛΟΝΟΣΠΑΙΑΝΟΣ
ΚΑΙΤΑΣΑΘ | ΑΝΑΙΑΣ

Sicher rührt das Geison von keinem Tempel her. Da seine viae, welchen die üblichen guttae fehlen, nicht ganz 0m,20 Breite haben, also noch kleiner sind als die 0m,26 breiten der aedicula B der Akropolis, welche nach Hittorff nicht mehr als fünf Meter Front besitzt, so würde es höchstens von einer geringen Capelle herstammen können. An einer solchen könnten aber eben so wenig als an einem Tempel in dieser Zeit viae ohne guttae vorkommen; und von einem so kleinen Gebäude wäre nicht leicht zu glauben, dass es mehreren Göttern geweiht gewesen wäre, zumal diesen, von denen sich schwerlich sonst eine gemeinsame Verehrung in einem Heiligthum nachweisen lassen dürfte. Auch scheint der seit Alexander häufig auftretende, in römischer Zeit regelmässig beobachtete Brauch, auf dem Gebälk eines Tempels den Namen der zugehörigen Gottheit anzugeben, dem früheren griechischen Alterthum schlechthin fremd, und keine Tempelinschrift bekannt zu sein, welche Götternamen im Genetiv enthielte.

Die Bildung des Geison und die Fassung der Inschrift erklärt sich nur dann, wenn man annimmt, dass es von der Bekrönung eines grösseren Altars herrührt. Die Vereinigung mehrerer Gottheiten zu einer Koinobomia[1]) ist überaus häufig bezeugt. Ihre Namen sind sehr oft an Altären im Genetiv aufgeschrieben[2]). Grössere Altäre sind in der Regel mit Formen der heiligen Architektur,

---

[1]) Der Altar am Amphiareion bei Oropos, welchen Pausanias I 34, 3 beschreibt, hatte fünf Theile und war achtzehn Göttern und Heroen geweiht. Ueber die sechs Doppelaltäre der zwölf Götter in Olympia vergl. Schol. zu Pindar Olymp. V 10 βωμοὺς ἓξ διδύμους. Doppelaltäre, zum Theil mit getrennten Feuerherden (ἐσχάραι) auf ihrer obern Fläche, sind mehrere erhalten, vergl. Ulrichs Forschungen und Reisen I p. 31, 25. Rangabé ant. hell. II 1235.

[2]) Z. B. der Name des Apollon auf einem athenischen Altar (Rangabé antiqu. hell. II 1040, Müller-Wieseler Denkm. II 130), der Dioskuren (C. I. G. I no. 449,

Fröhner inscriptions grecques no. 15 p. 29), des Pan und Apollon unter zwei Escharen der attischen Panshöhle bei Vary (C. I. G. I no. 456), ΑΛΕΞΙΩΝ (θεῶν?) auf einem Altar in Leuktra (Ulrichs Reisen und Forschungen II p. 104. K. Keil inscript. Boeot. p. 98), des Zeus auf einem Altar bei Aphrodisias (C. I. G. II no. 2750). N. Ephim. no. 84. Le Bas voy. archéol. no. 18. — Auch bei Thermen kommt der Name des Gottes, dem sie geweiht sind, im Genetiv vor, vergl. Le Bas V 1, 33. Mommsen I. R. N. 4758.

namentlich an ihrem obern Theil mit Gebälkgliederungen ausgestattet, welche eine dem verschiedenen Zweck entsprechende freie Umgestaltung, hauptsächlich durch Abkürzung der Details, erfahren haben[1].

Gehört aber die Inschrift zu einem Altar, wie mit Sicherheit angenommen werden muss, und ist bei der ganzen Art wie die Alterthümer der Stadt sich erhalten haben, die Möglichkeit einer Verschleppung ausgeschlossen, so gewinnt sie unabweisbare Bedeutung für die Bestimmung der beiden Tempel zwischen denen sie gefunden wurde.

Apollon und Athene, welche beide in der ersten Inschrift unter den Siegesgottheiten von Selinunt genannt sind, hatten beide einen hervorragenden Cultus in Megara Nisaia. Apollon ist Hauptgott dieser Stadt, sein Bild und seine Attribute, namentlich die Lyra, erscheinen besonders häufig auf ihren Münzen[2], unter verschiedenen Beinamen empfing er hier Verehrung. Pausanias[3] erwähnt einen Tempel des Apollon Agraios und der Artemis Agrotera, ein Hieron des Apollon Prostaterios, einen Cultus des Apollon Karinos, und beschreibt auf der westlichen Akropolis der Stadt einen alten Tempel des Gottes, nebst drei alterthümlichen Schnitzbildern, welche ihn als Dekatephoros Pythios und Archegetes darstellten[4]. Dieses Heiligthum, dessen Namen er leider nicht überliefert, scheint der Stammsitz des Apollon in Megara zu sein. Hier wurde er, wie Theognis schildert[5], als Burgherr und Schutzgott der Stadt im Frühjahr durch Hekatomben und Paiane gefeiert; hier zeigte man einen Stein auf den er die Lyra niedergelegt haben sollte, als er dem Gründer der Akropolis, Alkathoos, den Mauerwall der sie umgab, aufführen half[6]. Mit der Lyra ward er also in diesem Cultus gedacht, und auf diesen werden daher die Münzen zu beziehen sein die ihn mit der Lyra vorstellen.

An der nämlichen Stätte, auf der westlichen Akropolis, waren drei verschiedene Heiligthümer der Athene erbaut. In dem einen wurde sie, wie es scheint in Verbindung mit dem Landesheroen Aias, als Athene Aiantis verehrt. Zu diesem Tempel mag sich der zweite, welcher der Athene Nike geweiht war, und der dritte in welchem Pausanias ein Goldelfenbeinbild der Göttin erwähnt, ähnlich verhalten haben wie auf der attischen Akropolis der Niketempel und Parthenon zu dem

---

[1] So ist der bekannte drei Meter lange Altar, welcher im Vorhofe des sogenannten Asklepiostempels in Pompei steht Nissen templum p. 193, Marois ruines de Pompei IV 6, 3; mit einem Triglyphenfries und einem mehrgliedrigen Geison geziert; ebenso ein runder Altar in Akrai (Serradifalco antich. d. Sicilia IV 33, 8. Ein ähnliches Geison muss zu den Metopenfries gehört haben, in welchem Bötticher (Philologus XXIV p. 227 folg., Stuart und Revett Alterth. von Attika d. deutschen Ausg. Lief. 27 pl. 1) einen Rest des Altars vom athenischen Eleusinion erkennt. Zu einem Altar wird ein mit Triglyphenschema und Zahnschnitt versehenes Bruchstück eines Monuments von Akrai gehört haben (ludica antich. di Acr. T. XIII 1 p. 111, C. I. G. no 5433). Lehrreich sind auch die zahlreichen Abbildungen solcher Monumente in Vasengemälden: ein solches zeigt Lapithen- und Kentaurenkämpfe in den Metopen (Millin gal. myth. 163, 610, Otto Jahn Telephos und Troilos p. 44). In ähnlicher Weise wird wohl auch der 40' hohe Altar zu Pergamus, der nach Ampellus liber mem. VIII 74 mit einer Gigantomachie in Sculptur geziert war (O. Müller Handb. d. Archaeol. 286, 8., zu reconstruiren sein; vergl. Brunn bull. d. inst. 1871 p. 28 folg.

[2] Mionnet descript. de médailles II p. 140 folg. Supplement III 588, IV 10; vergl. I p. 251.

[3] Pausanias I 41, 3; 44, 2.

[4] Pausanias I 42, 5 Τοῦ δὲ Ἀπόλλωνος πλίνθου μὲν ἦν ὁ ἀρχαῖος ναός· ὕστερον δὲ βασιλεὺς ᾠκοδόμησεν Ἀδριανὸς λίθου λευκοῦ. ὁ μὲν δὴ Πύθιος καλούμενος· καὶ ὁ Δεκατηφόρος τοῖς Αἰγυπτίοις μάλιστα ἐοικότα ἐοίκασιν, ὃν δὲ Ἀρχηγέτην ἐπονομάζουσιν, Αἰγινητικοῖς ἔργοις ἐστὶν ὅμοιος· ἐβένου δὲ πάντα ὁμοίως πεποίηται. Reinganum Megaris p. 131, Bursian Geographie I p. 377, Panofka von anderen Weihgeschenken p. 20 und Andere verlegen diese drei Schnitzbilder in den einen Tempel; Müller Dorier II p. 229, wie es scheint, in mehrere. Ueber pythische Spiele in Megara vergl. Boeckh expl. ad Pind. Olymp. VII p. 176. C, I. G. no. 1058.

[5] Theognis v. 773—782 ed. Bergk lyr. gr. III p. 511.

Φοῖβε ἄναξ, αὐτὸς μὲν ἐπύργωσας πόλιν ἄκρην,
Ἀλκαθόῳ Πέλοπος παιδὶ χαριζόμενος·
αὐτὸς δὲ στρατὸν ὑβριστὴν Μήδων ἀπέρυκε
τῆσδε πόλεως, ἵνα σοι λαοὶ ἐν εὐφροσύνῃ
ἦρος ἐπερχομένου κλειτὰς πέμπωσ' ἑκατόμβας,
τερπόμενοι κιθάρῃ καὶ ἐρατῇ θαλίῃ
παιάνων τε χοροῖς ἰαχῇσί τε σὸν περὶ βωμόν·
ἦ γὰρ ἔγωγε δέδοικ' ἀφραδίην ἐσορῶν
καὶ στάσιν Ἑλλήνων λαοφθόρον· ἀλλὰ σύ, Φοῖβε,
ἵλαος ἡμετέρην τήνδε φύλασσε πόλιν.

[6] Pausanias I 42, 2 und die Stellen bei Welcker zum Theognis v. 756.

gemeinsamen Heiligthum der Polias und des Erechtheus[1]. Da Athene in Megara sonst nicht genannt wird, so ist ihr Cultus in Selinunt als ein Filial von diesem herzuleiten.

Ueber Apollon Paian lässt sich leider nichts Näheres ermitteln. Es ist möglich aber unerweislich, das der megarische Burggott, dem das Attribut der Lyra eigen war, diesen vielverbreiteten Namen trug[2]. Sicher kann in seinem Cultus, wie das hohe Alter desselben und vielleicht die Anrede des Theognis Φοῖβε ἄναξ wahrscheinlich macht, der ursprüngliche Zusammenhang der Apollonverehrung mit dem Sonnendienst, das gewaltige dualistische Naturelement nicht gefehlt haben, welches den Gott überall bald als den verheerenden und verderbenden, bald als Befreier und Erretter erscheinen liess. Derselbe Gegensatz der Eigenschaften findet sich in der Colonie wieder. Als den Sender tödtlicher Geschosse stellen ihn die Stadtmünzen dar; und wie bei Homer und Sophokles[3] Apollon als Urheber der Pest durch Paiane versöhnt, Paian angerufen wird, so ist es auch hier nur die andere Seite seines Wesens, wenn er unter dem gleichen Namen verehrt wird. In jedem Fall muss er auch in Selinunt als Hauptgott vorausgesetzt werden. Dem entspricht es vollkommen, dass das in der ersten Inschrift erwähnte werthvolle Weihgeschenk in einem ihm gehörenden Tempel aufgestellt war, und dass dieser Tempel der weitausgrösste der ganzen Stadt ist[4]).

Ob zwei benachbarte Tempel der Regel entgegen einen gemeinsamen Altar gehabt haben können, wage ich bei dem gegenwärtigen Stand unserer noch immer überaus lückenhaften Kenntniss des griechischen Cultus nicht zu bestimmen. Der Umstand, dass als σύμβωμοι bezeichnete Götter häufig auch σύνναοι[5] heissen, schliesst diese Möglichkeit jedenfalls nicht aus. Sollte der Altar zu den Tempeln C und D gehören, zwischen denen er sich befand, so müsste seine Inschrift für eine Restauration aus späterer Zeit angesehen werden, da die Gründung beider Tempel weit über das fünfte Jahrhundert zurückreicht. Der Umstand, dass Athene ohne Beinamen angeführt ist, könnte in der That für ihre Zugehörigkeit sprechen. Aber auch im entgegengesetzten an sich wahrscheinlicheren Falle behält die Inschrift Bedeutung für die Bestimmung der Tempel. Denn es kann unmöglich für Zufall gelten, dass Culte des Apollon und der Athene in Selinunt wie in Megara beidemale auf der westlichen Akropolis und beidemale in örtlicher Vereinigung auftreten. Sind auch die Rücksichten, welche bei Verpflanzung von Culten beobachtet wurden, namentlich im Unterschied von italischer Sitte, noch lange nicht in genügender Klarheit festgestellt, so ist doch durch vielfache Zeugnisse so viel erwiesen, dass man mit einer religiösen Gewissenhaftigkeit dabei verfuhr, welche an den neuen Orten überall Verwandtes, möglichst gleiche Bedingungen und Verhältnisse aufsuchte, dass man nicht blos Cultusbilder, Cultusgebräuche und sogar die Form der Tempel übertrug, sondern Localitäten für dieselben wählte, welche den alten entsprachen oder in irgend einer, mitunter sehr äusserlichen Weise an sie erinnerten[6].

---

[1] Pausanias I 42. ἠκοδόμηται δὲ ἐπὶ τῇ κορυφῇ τῆς ἀκροπόλεως ναὸς Ἀθηνᾶς, ἄγαλμα δέ ἐστιν ἐπίχρυσον πλὴν χειρῶν καὶ ἄκρων ποδῶν· ταῦτα δὲ καὶ τὸ πρόσωπόν ἐστιν ἐλέφαντος, καὶ ἕτερον ἐνταῦθα ἱερὸν Ἀθηνᾶς πεποίηται καλουμένης Νίκης, καὶ ἄλλο Αἰαντίδος. Vergl. Kekule die Balustrade des Tempels der Athena-Nike p. 9.

[2] Panofka Heilgottheiten p. 5 folg., Welcker griech. Götterlehre II p. 272 folg., K. Keil Pbdologus 23 p. 244. — Eine Marburger Gemme zeigt neben einem bekränzten Apollonkopf einen Zweig, einen Schwan und die Aufschrift ΠΑΙΑΝ. Creuzer zur Gemmenkunde Taf. 5, 34.

[3] Homer Ilias I 472, Sophocles Oedip. R. 5, 154.

[4] Ein Orakel des selinuntischen Apollon erwähnt Strabon X p. 445 C bei Orobiä auf Euboea. Kruse Hellas I p. 509 bringt dasselbe mit Selinus in Aegialea in Verbindung. Vergl. Baumeister topograph. Skizze der Insel Eubäa p. 20, 63.

[5] z. B. C. I. G. II no. 2236, 7, III no. 4012, 1. Vergl. K. F. Hermann gottesdienstl. Alterthümer § 19, 21.

[6] Besonders lehrreich ist in dieser Hinsicht die Gründung eines Filialtempels der ephesischen Artemis, welche Xenophon in Skillus bei Olympia vollzog (Xenophon Anab. V 3, 4—13, Diog. Laert, II 6, 52, Strabo VIII 387 XIV 642, Paus. V 6, 6). Wie ausdrücklich geschildert wird, war die Wahl des Orts durch den Umstand bedingt, dass sich bei Skillus, wie bei dem Artemision in Ephesos, ein Fluss Selinus befand, welcher hier, wie dort, Fische und Muscheln enthielt; der Tempel war eine verkleinerte Nach-

Hält man sich diese wichtige Thatsache gegenwärtig, so wird man den Versuch nicht unbegründet finden, den Tempel C, welcher der älteste von Selinunt und der grösste der Akropolis ist, für ein Heiligthum des Hauptgottes Apollon und den benachbarten ziemlich gleich alten Tempel D für ein Heiligthum der Athene zu erklären. Der erstere würde sich dann, ähnlich wie der Poliastempel zum Parthenon, zu dem jüngern und grösseren Apollonion des Osthügels verhalten. Ohnehin lassen die bedeutenden Verhältnisse und die Disposition dieses letzteren vermuthen, dass er wie der Parthenon wesentlich den Bedürfnissen eines Fest- und Schatztempels entsprochen und wie der Parthenon ein colossales Goldelfenbeinbild enthalten habe.

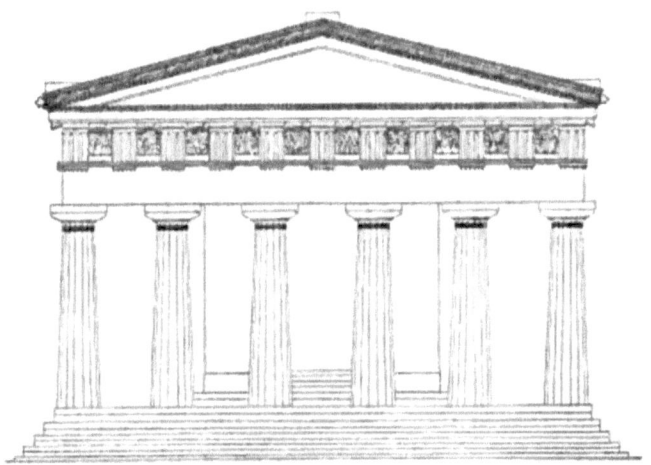

VII

Das durch architectonische Untersuchung gewonnene Resultat über das verschiedene Alter der Tempel von Selinunt wird durch ihre Sculpturen bestätigt. Von drei Tempeln, C, F und E, sind Metopenreliefs gefunden worden. Sie rühren, wie schon der erste Blick lehrt, aus drei verschiedenen Epochen her und gewähren eine Anschauung von der Entwickelung des altdorischen Stils, wie sie bisher durch keine andern Monumente geboten werden konnte.

Die Ausstattung der selinuntischen Tempel mit plastischem Schmuck ist auf den Fries beschränkt — von Giebelverzierungen ist kein sicheres Anzeichen vorhanden — und ungleich durch-

bildung des ephesischen und das Xoanon aus Cypressenholz entsprach dem goldenen Urbilde. Auch die Cultusvorschrift, welche Xenophon auf einer Stele neben dem Tempel (s. oben p. 38, 1) eingraben liess, muss aus Ephesos herübergenommen sein; denn sie ist auf einer Stele in Ithaka, welche offenbar zu einem ähnlichen Filialtempel gehörte, in identischem Wortlaut wiedergefunden worden C. I. G. III no. 1926). — Andere Stellen, im Wesentlichen nach Spanheim de usu et praestantia numism. I p. 568 folg., bei Böttlcher Tektonik der Hellenen II p. 161 folg.

geführt. Metopenreliefs fanden sich bei C nur auf den Frontseiten, bei F nur auf der östlichen Façade[1], bei E nur im Innern über dem Eingang zu Pronaos und Posticum[2]; die übrigen Metopen sind leer gefunden worden. Bestimmte Gründe für diesen Wechsel anzugeben ist wohl ebenso unmöglich wie sicher zu erklären, warum am Theseion lediglich die östliche Front und je ein Theil der Langseiten mit Reliefs geschmückt ist.

Das Material ist bei allen Sculpturen derselbe graue feinkörnige Kalktuf, welcher von Menfrici, acht Miglien östlich von Selinunt, herstammt, wo er noch heute gebrochen wird. Er ist unschwer zu bearbeiten indem er sich sogar mit dem Messer angreifen lässt, und erlaubt die Ausführung feinerer Details. Er verwittert aber in höherem Grade als der für die structiven Architekturglieder verwendete härtere Kalktuf von rocca di Cusa, und ist wie dieser so wenig homogen, dass er häufig Lücken oder schadhafte Stellen zeigt. Wo diese die Sculpturform beeinträchtigten, sind sie durch eingeflickte viereckige Stücke von drei bis vier Centimeter Länge ausgebessert. Dergleichen finden sich auf

    Tafel VII im Harnisch der Amazone und auf der rechten Brust ihres Gegners,
    „ VIII über der Stirn der sitzenden Figur.
    „ IX im linken Ohr und auf der Brust des Aktaion beide Ohren des mittleren Hundes sind besonders eingesetzt,
    „ X am linken Unterschenkel und an der linken Brust der Athene.

Auch an den Säulen der Tempel sind zur Ausfüllung von Vertiefungen, welche den Lauf der Canneluren unterbrachen, quadratische oder oblonge Stücke von grösserm Umfang eingelassen worden.

    Die Dimensionen der Metopenblöcke sind durchaus ungleich.

Am Tempel C beträgt ihre Höhe 1m,47, ihre Dicke, die Relieferhebung von 0m,15—0m,30 eingerechnet 0m,43 [3]
  „ „ F „ ..(0m,81;1m,40, ... 0m,21—0m,23   ..   0m,60. 0m,76
  „ „ E „   1m,62,   ..   0m,12   0m,65

Ihre Breite wechselt je nach ihrer Stellung auf den mittleren oder seitlichen Theilen des Epistyls, da die Säulenabstände auf den Frontseiten bedeutend differiren. Auf der Frontseite des Tempels C beträgt

                      der Achsenabstand der beiden mittleren Säulen 1m,54
                „   „   „   folgenden „   1m,46
                „   „   „   äusseren „   1m,25
        die Breite der Metope mit dem Viergespann (Tafel III) 1m,15
         „   „   „   „   Perseus   Tafel I, 1m,11
         „   „   „   „   Herakles   Tafel II 1m,08

Aus diesen Verschiedenheiten[4] folgt, dass das Viergespann über das mittelste Intercolumnium, Perseus

---

[1] Cavallari bull. d. commiss. no. IV p. 36 leugnet mit Unrecht, dass die Reliefs des Tempels F zu hoch für die 1m,49 hohen Triglyphen gewesen seien. Der Triglyph von 1m,11 Höhe, den er im Innern des Tempels gefunden hat, gehört in den über dem Pronaos befindlichen Fries. vergl. Hittorff recueil pl. 54.

[2] In gleicher Weise war der Tempel des Apollon zu Phigalia (Cockerell temples of Jup. and Apollo pl. V) und wahrscheinlich auch der Zeustempel zu Olympia mit Metopen ausgestattet (Paus. V 10, 9, Friederichs Bausteine p. 133).

[3] Dies ist das Maass der Cavallarischen Metope Tafel IV; die Dicke der andern, in Holzkasten eingebauten, liess sich nicht ermitteln; Hittorff giebt sie auf 0m,38 an. Nach Hittorff recueil des monum. pl. 13 Fig. IV beträgt die Höhe der Metopen von E 1m,58, während auf der Uebersichtstafel pl. 90 für die äussern 1m,721 angegeben ist. Die Metope auf Tafel X ist abgesägt worden um sie aus dem Trümmerhaufen des Posticum hervorschaffen zu können.

[4] Die mitgetheilten Maasse sind im Museum zu Palermo an den Originalen, ehe dieselben mit den Triglyphen zu einem Fries vereinigt waren (s. bullet. d. commiss. no. IV Tav. I), und zwar an den untern bei allen gleich wohlerhaltenen Balken genommen, mit Einschluss der Seitenränder. Sie haben Anspruch auf Genauigkeit gegenüber den Angaben

über eines der beiden nachstfolgenden, Herakles über eines der beiden äussersten Intercolumnien gehört; in der That ist die erstgenannte Metope von Harris und Angell in der Mitte, die beiden andern nebeneinander auf der rechten Seite des Frieses aufgefunden[1] und in dieser Reihenfolge in die Restauration der Façaden aufgenommen worden[2]. — Die Breite der Metope auf Tafel VI beträgt 1",18, derjenigen auf Tafel V 1",27, womit stimmt, dass die erstere an zweiter, die letztere an dritter Stelle von Süden gerechnet auf der Ostseite des Tempels gefunden worden ist. — Die Metopen aus dem Pronaos und Posticum des Tempels E haben die gleiche Breite von 1",40; ihre Stelle im Friese hat sich nach dem Fundort mit Sicherheit angeben lassen.

In welcher Weise die Metopen des Tempels C zwischen die Triglyphen eingelassen waren, lässt sich nicht mehr erkennen. Ein Uebergreifen der letzteren hat aber so wenig wie bei dem Tempel F stattgefunden. Bei diesem zeigen die Seitenflächen der Metopen zwei den verticalen Kanten entlang laufende 0",05 breite glatte Ränder, innerhalb deren der Grund rauh und ein wenig vertieft ist — nach jenem vielverbreiteten Verfahren, welches durch Verringerung der Berührungsflächen einen grösseren Halt der Fugen erzielen sollte. Die Metopen des Tempels E sind in die übergreifenden Triglyphen eingefalzt. Wie weit diese letzteren ihre Stirnflächen zu bedecken hatten, ist auf diesen durch je eine rechts und links vom verticalen Rand in parallelem Abstand von 0",04 eingerissene Lehre angedeutet, welche an den Originalen überall noch deutlich zu sehen ist und einmal auch in der Photographie (Tafel VII) zum Vorschein kam. Dabei durchschnitten die übergreifenden Ränder der Triglyphen den um 0",12 vom Reliefgrund vorstehenden untern Leisten (der in Folge dessen um 0",08 weniger breit ist), während der obere nur um 0",035 vorladende Balken, des bessern Haltes wegen, undurchschnitten in das Capitell der Triglyphe eingriff. Rechts und links von den beschriebenen Lehren, ist 0",015 vom Rande entfernt und diesem parallel, je eine zweite angegeben, deren Bedeutung mir unklar geblieben ist.

Nur ein Theil der Fläche ist zur Sculptur benutzt. Das Relief ist, der tektonischen Bedeutung der Metope entsprechend, durch zwei horizontale Streifen eingefasst[2]. Der untere ist bei F und E nach der üblichen Weise niedriger, bei C höher als der obere. Bei C ist der obere (mit gemaltem Ornamente versehene) Streifen 0",16, bei E 0",21; der untere bei C 0",22, bei F 0",04, bei E 0",08

---

[1] Overbeck's Gesch. der griech. Plastik I[2] p. 203. 30 nach Gipsabgüssen des Leipziger Museums. Hittorff recueil des monuments pl. 22 hat in der Restauration der Façade willkürlich und gegen sein besseres Wissen (p. 107, 1 Metopen sowohl als Triglyphen von gleicher Breite angenommen: für die ersteren 1",123 (pl. 90: p. 97 dagegen «a très peu près 1",10»), für die letzteren 1",11. — Da der neuerdings gefundene Ecktriglyph 1",15 breit ist und die Friesausladung über die Achsen der äussersten Säulen (nach Hittorff) 0",781 beträgt, so würde die folgende Berechnung ergeben, dass alle mittleren Triglyphen eine gleiche Breite von 1",12, die vorletzten eine Breite von 1",13 haben:

über dem mittleren Intercolumnium:
zwei Metopen zu 1",15   =   2",30
Triglyphen 1",54—2",30   =   2",24
über den beiden anstossenden Intercolumnien:
vier Metopen zu 1",11   =   4",44
Triglyphen 2 × (1",16—2",22) =   4",46
über und ausser den beiden äussersten Intercolumnien: vier Metopen zu 1",08 =   4",32
Triglyphen 2×(1",15+0",75)—(2×2",16) =   5",68
Gesammtbreite des Frieses   23",16

[1] Nach diesen Thatsachen ist die Angabe C. Bötticher's Verzeichniss der Abgüsse 2. Aufl. p. 28 no. 67 zu berichtigen, dass die Metope mit dem Viergespann trotz ihrer Seitenränder rechts und links unvollständig sei und ihre »Längenverhältnisse« wegen nur der Metopentafel neben einer Ecktriglyphe gewesen sein könnte. Auch in der Restauration der Front des Tempels C bei Reber Gesch. der Baukunst p. 254, 155 sind die Metopen willkürlich versetzt worden.

[2] Nur ist die Metope mit Herakles statt an die zweite, an die dritte Stelle von rechts gesetzt. Die erste nahm die von Cavallari dicht neben dem Ecktriglyphen gefundene Metope (Tafel IV) ein.

[3] Unverständlich spricht Klenze bei Thiersch Epochen 2. Aufl. p. 106 von zwei viereckigen Platten »deren untere, worauf die Figuren stehen, dem Architrav, die obere aber schon dem Kranzgesimse, als jenes Band, welches die Krönung der Triglyphen bildet und auch über den Metopen hinwegläuft, angehört«.

hoch. Bei den ältesten Metopen kommen noch $0^m,03$ breite Seitenränder hinzu, so dass die Reliefs wie in einem Kasten stehen.

Nach einer Technik, welche sich als Ueberlieferung der orientalischen und aegyptischen Kunst in Griechenland ausnahmslos erhielt, sind sämmtliche Reliefs nicht aus den Tufblöcken heraus, sondern in dieselben hineingearbeitet. Jeder Stein, der sei es zu erhabener oder flacher Arbeit bestimmt war, erhielt die gleiche Form und Zubereitung wie alle andern Quaderstücke, um in der nämlichen Weise wie diese in den Bau versetzt und eingefügt zu werden. Auf seiner Stirnfläche wurde dann die Composition in einer Linearzeichnung aufgetragen, die Conture durch in kurzen Zwischenräumen angebrachte mit dem Meissel unter einander verbundene Bohrlöcher[1] umzogen, die inneren Formen aber in der Weise modellirt, dass die ursprüngliche Fläche an vielen Stellen erhalten blieb und der Reliefgrund, den man als ebene Fläche zu behandeln kein Interesse hatte, je nach dem Bedürfniss der Modellirung ungleich vertieft ausfiel. Dieses Verfahren, welches erklärt, dass alle griechischen Reliefs auf den Contur componirt sind, in der Silhouette am kräftigsten wirken und einen strengen Charakter von Ruhe bewahren, schliesst die Benutzung fertiger Modelle, welche eine zum Theil mechanische Uebertragung gestatteten, an sich nicht aus. Eine solche ist für die ältern Metopen, nach der unsorgsamen und inconsequenten Weise ihrer Ausführung, nicht wahrscheinlich, möglich aber für die überaus gewissenhaft componirten und streng gleichmässig ausgearbeiteten Reliefs des Tempels E, bei welchen die Anstückung einzelner Theile in anderm Material am leichtesten mit Hülfe von Modellen bewerkstelligt werden konnte. Wie von allen Sculpturen vorauszusetzen ist, welche nicht äusserlich an die Architectur angeheftet waren, sind die Metopen nahezu fertig versetzt worden, um an Ort und Stelle die letzte Vollendung zu erhalten[2]. Sie im Bau selbst völlig auszuarbeiten, würde kostspieliger gewesen sein und die Gefahr eingeschlossen haben, dass etwaige Fehler sich nur schwer hätten verbessern lassen.

Die geschilderte Technik erleichterte die Verwendung mehrerer Blöcke zu einem Relief. Wie die Composition des Parthenonfrieses auf der obersten Steinlage der Cellamauer ohne Unterbrechung fortläuft und die Fugen der Quader häufig den Körper, in einzelnen Fällen sogar die Köpfe von Figuren durchschneiden, so konnten die Metopenreliefs des Tempels F, ohne Nachtheil für ihren Zusammenhang und für die Gesammtwirkung, auf zwei übereinander liegenden Blöcken ausgearbeitet werden. Zur Sicherung des Auflagers waren die letzteren durch lothrechte Dübel im Innern verbunden. Auf der oberen horizontalen Fläche des untern Blocks der einen Metope (Tafel VI) sind noch zwei $0^m,03 \times 0^m,08$ grosse, $0^m,06$ tiefe Löcher sichtbar, in denen plattenartige Zapfen vermuthlich von Bronce und nach der üblichen Weise in Bleierguss[3] befestigt waren. Diese Vertiefungen sind in der Längenachse der genannten Fläche in einigem Abstand nebeneinander derart angebracht, dass ihre Langseiten den Stirnflächen der Metopen parallel stehen, mithin die Zapfen einem etwaigen Ausweichen der Blöcke nach hinten oder vorn breiten Widerstand entgegensetzen konnten.

Es ist eine durch hundertfache Beobachtung zu belegende Thatsache, dass die Zusammenstückung des Materials in der griechischen Plastik durchaus Regel war, und mitunter selbst auf Kosten der Haltbarkeit oder des Augenscheins nicht vermieden wurde. Gewisse Gattungen, wie die akrolithe, die chryselephantine und die Bronce-Sculptur waren durch ihre Technik darauf angewiesen. Aber auch Arbeiten in Stein und sehr häufig sogar vollendete Marmorwerke wurden aus

---

[1] Solche Bohrlöcher sind beispielsweise an den Conturen des Löwenreliefs von Mykenai und auf mehreren Theilen des Parthenonfrieses stehen geblieben.

[2] Der Verguss der Broncestifte ist bei einem senk- rechten Stand der Reliefs vorgenommen worden, siehe die Bemerkungen zu den Metopen auf Tafel IX und X.

[3] C. Bötticher Bericht über die Untersuchungen auf der Akropolis von Athen p. 59 folg.

mehreren Stücken zusammengesetzt; Monolithe waren, sobald Grösse oder Beschaffenheit des Materials, der Arbeit aus einem Stück Schwierigkeiten boten, als Kunststücke und Luxusartikel zu allen Zeiten Ausnahmen. Diese der heutigen Praxis und dem modernen Geschmack entgegengesetzte Sitte erklärt sich durch die grössere Bequemlichkeit und die geringeren Kosten der Herstellung; sie entstand von selbst bei der innigen handwerklichen Verbindung, in welcher die Plastik zur Steinarchitectur stand die von Anfang an auf Theilung der Formen geführt war, und gewann an Verbreitung in Folge des maassgebenden Einflusses, welchen die Broncetechnik in einer entscheidenden Entwickelungsperiode auf die Marmorsculptur ausgeübt hatte. Möglich war sie aber nur durch die Idealität der griechischen Auffassung, welche gegen äusserliche Störungen sich weniger empfindlich verhielt und mit Leichtigkeit den Schein der Kunst von den Ansprüchen der Wirklichkeit zu unterscheiden gewohnt war. Um so weniger kann es befremden die Reliefs des Tempels F aus zwei Stücken zusammengesetzt und an denen des Tempels E einzelne Theile in anderm Material angefügt zu finden. An den letztern sind, nach demselben Unterscheidungsprincip, welches in der Vasenmalerei mit schwarzen Figuren zu stereotyper Bezeichnung des weiblichen Geschlechts durch weisse Farbe geführt hatte, Gesicht, Arme, Füsse, überhaupt alle unverhüllten Partien der weiblichen Figuren, aus parischem Marmor besonders gearbeitet und mittels Broncestiften in Bleierguss am Tuf befestigt. Dies Verfahren, welches den Figuren einen grössern an die Wirklichkeit erinnernden Schein des Lebens geben sollte, ist trotz aller technischen Schwierigkeiten mit Consequenz durchgeführt. Die Marmorfüsse der Amazone und der Athene (auf Tafel VII und X), welche in der Mitte von Männerfüssen aus Tuf verdeckt werden, sind unter Aufopferung der Continuität ihrer Formen, in zwei getrennten Stücken, einem vordern und hintern, angefügt worden, während der mittlere Theil aus Tuf besteht. Abgesehen von diesen Marmortheilen sind auch die Attribute der Figuren, z. B. ein Kranz an dem männlichen Kopf auf Tafel VIII, aus anderm Stoff, vermuthlich aus Bronce, angesetzt gewesen.

Der starke Contrast, in welchem das leuchtende Gelb des Marmors zu dem dunkeln Grau des Tuf steht, war durch Bemalung gemildert. Da alle Architecturglieder einen feinen, den Rohbau verdeckenden Stucküberzug trugen welcher polychrom verziert war, so mussten im Einklang damit auch die Tuftheile der Reliefs eine vollständige Farbenausstattung erhalten. Ebenso sind einzelne Stellen der angesetzten Marmorstücke, wie in den Gesichtern die Pupillen, Lippen, Augenbrauen, nach allen Analogien bemalt zu denken. Leider ist gegenwärtig alle Farbe verschwunden. Kleine Theilchen von roth, blau und gelb gefärbtem Stuck, die sich (im Frühjahr 1868) am Reliefgrund der Metope auf Tafel VIII vorfanden, rühren nicht von der ursprünglichen Bemalung, sondern von einem Contact mit architectonischen Stücken her, wie er beim Einsturz des Tempels oder bei der Ausgrabung stattfinden mochte. Unmittelbar nach der Entdeckung glaubte Serradifalco Spuren von Blau im Reliefgrunde der Metopen, von Roth an den Armen der Artemis auf Tafel IX, von Roth und Blau in einem Gewandfragment aus dem Posticum wahrzunehmen[1]; was theilweis wenigstens auf Irrthum beruht, da der Reliefgrund die Farbe der Triglyphen unmöglich wiederholen konnte. Auch an den Metopen des Tempels F sind von Harris und Angell nicht mehr als vereinzelte Ueberreste von rother, grüner und blauer Farbe bemerkt worden[2]. Besser ist das Colorit der ältesten Metopen erhalten. . Hier sind die Farben, ohne Medium von Stuck, unmittelbar auf den Stein, und anscheinend

---

[1] Serradifalco ant. d. Sic. II p. 28 folg. »Da varî frammenti ricavasi che azzurro, come nel Partenone [?], sia il fondo delle metope, e sulle braccia della figura muliebre della tavola XXXII, si ravvisa qualche traccia di rosso, che insieme allo azzurro, assai più chiara ed evidente si scorge in un frammento di piegle nel postico di questo tempio rinvenuto«.

[2] Angell und Evans sculptured metopes p. 11 »several vestiges of red, blue, and green colour were distinguishable upon the fragments when they were first discovered«.

nur an einzelnen Stellen aufgetragen. Wenigstens bemerkte man Spuren von Farbe, und zwar von Roth, Blau, Grün und Gelb, lediglich am Ornament des obern Balkens, an den Säumen der Gewänder, an Pupillen, Lippen und Augenbrauen, an den Attributen der Figuren, überhaupt an allen Theilen, durch deren Bemalung die Deutlichkeit der Darstellung gewinnen konnte.

Abbildungen aller Metopen haben nur Serradifalco und Hittorff gegeben. Selbständig sind ausserdem die Publicationen von Pisani, Angell und Evans; die übrigen gehen sämmtlich auf Serradifalco oder Pisani zurück. Sie sind, der leichtern Orientirung wegen, nach der Anordnung dieser Publication in der folgenden Uebersicht zusammengestellt.

Tafel I.   Pisani 2. Klenze bei Thiersch Epochen I 2. Angell und Evans VII. Hittorff 28, 1. Serradifalco XXVI. Müller-Wieseler Denkm. alter Kunst I 5, 25. Overbeck Gesch. der griech. Plastik I² p. 87. Lübke Gesch. der Plastik p. 80, 33. Schnaase Gesch. der bild. Künste II² p. 50. — Ein Theil bei Inghirami monum. etruschi ser. VI t. V 3, 1; Levezow Entwickelung des Gorgonenideals I 5; E. Curtius die knieenden Figuren d. altgriech. Kunst no. 20.

Tafel II. Pisani 3. Klenze I 1. Angell und Evans VIII. Hittorff 27, 5. Serradifalco XXV. Müller-Wieseler I 4, 24. Overbeck I² p. 87. Lübke p. 80, 32.

Tafel III. Pisani 1. Klenze I 3. Angell und Evans VI. Hittorff 27, 1—4. Müller-Wieseler I 5, 25ᵃ.

Tafel IV, 2. Angell und Evans IX 4. Serradifalco XXXV 2. Hittorff 28, 2.

Tafel V.   Pisani 5. Klenze I 5. Angell und Evans IV. Hittorff 59, 2, 3. Serradifalco XXIX. Müller-Wieseler I 5, 27ᵃ, 27ᵇ. Overbeck I² p. 145, 24.

Tafel VI. Pisani 4. Klenzo I 4. Angell und Evans III. Hittorff 59, 1. Serradifalco XXVIII. Müller-Wieseler I 5, 26.

Tafel VII. Serradifalco XXXIV. Hittorff 50, 1. Overbeck I² p. 378, 75. Steiner Amazonenmythus IV.

Tafel VIII. Serradifalco XXXIII. Hittorff 49, 5. Müller-Wieseler Suppl. C, 6. Overbeck I² p. 378, 75, Atlas der griechischen Kunstmythologie I 2.

Tafel IX. Serradifalco XXXII. Hittorff 49, 1. Müller-Wieseler II 17, 18ᵃ, Lübke p. 106, 53.

Tafel X.   Serradifalco XXXI. Hittorff 48, 2. Müller-Wieseler II 21, 230.

Tafel XI, 3. Serradifalco XXXV 3. Hittorff 50, 3.

—, 5. Serradifalco XXXV 5. Hittorff 50, 4.

—, 6. Serradifalco XXXV 10. Hittorff 50, 9.

Das auf Apoll und Daphne gedeutete, verwitterte Relief aus dem Posticum des Tempels E ist von Serradifalco XXX und Hittorff 48, 1 veröffentlicht. Eine von Klenze in Aussicht gestellte besondere Publication (Böttiger Amalthea III p. 314) ist unterblieben. Besprochen sind die Metopen ausserdem von Thiersch Epochen 2. Ausg. p. 413—426, Böttiger Amalthea III p. 307—317 (wiederabgedruckt bei Reinganum Selinus p. 203—213), O. Müller kleine deutsche Schriften II p. 173—180, Göttling gesammelte Abhandlungen II p. 96—103, E. Gerhard archaeologisches Intelligenzblatt 1834 no. 9 p. 65 folg., Dennis Handbook for travellers in Sicily p. 85—87, Feuerbach Geschichte der griech. Plastik p. 127—129, Friederichs Bausteine p. 12—17, C. Bötticher Verzeichniss der Abgüsse 2. Aufl. no. 67—69, A. Holm Geschichte Siciliens I p. 172, 247, 291 folg.

Tafel I.

Dieser Metope, welche aus 32 Fragmenten zusammengesetzt ist, fehlt der obere (jetzt aus Holz eingefügte) Balken mit Ausnahme eines kleinen Stückes links unten, beide Seitenränder fast vollständig und einzelne Theile des Grundes. Ausserdem fehlt an der weiblichen Figur das rechte Ohr mit einem Stück Zopf, die Nasenspitze, das Kinn, Theile des Gewandes und des rechten Armes, die Finger der rechten Hand; an Perseus Kinn und Nasenspitze; an Medusa die linke Kinnbacke vom Mundwinkel an, das linke Knie und ein Stuck der linken Brust.

Ergänzt ist an der weiblichen Figur fast der ganze Hals, eine grössere Partie auf der Brust und in der Gegend der Kniee; an Perseus der mittlere Theil der Waffe sowie einzelne Stellen beider Arme und Hände; an allen Figuren kleine Stücke in der Nähe verschiedener Brüche.

Spuren von Roth fanden sich an der vertikalen linken Seite und im Grund hinter dem Kopf der weiblichen Figur, an den Gewandsäumen dieser Figur, am Gürtel und Petasos des Perseus, in den Augen der Gorgo. Spuren von Gelb im Gesicht der Gorgo und am Kleid der weiblichen Figur; von Grün im Gewand des Perseus; von Blau an seinem Gürtel; von Braunschwarz an den Augenbrauen, Lidern und Pupillen der weiblichen Figur. Bemalt waren auch die Augen des Perseus und der Flügel des Pegasus.

Die Tödtung der Medusa, ein in der alterthümlichen Kunst mehrfach nachweisbarer Gegenstand[1]), ist in naivster Deutlichkeit dargestellt. Perseus hat sie beim Haar erfasst und ist im Begriff die Enthauptung zu vollziehen, während sie ins Knie gesunken ist und den aus ihrem Blute entspringenden Pegasus umarmt[2]).

Medusa ist mit einem kurzen enganliegenden Gewand bekleidet, welches ohne Zweifel durch Farbe besonders hervorgehoben war und gegenwärtig nur zwischen den Schenkeln als solches zu erkennen ist. Ihr Haar ist über der Stirn in runden Locken angeordnet und fällt, hinter den Ohren durch ein Band zusammengehalten, zu beiden Seiten in je vier Locken über die Schultern herab. Das Gesicht zeigt den bekannten alterthümlichen Typus mit aufgerissenen stieren Augen, breiter Nase und verzerrtem Mund, aus welchem die Zunge und ein starkes mit Fangzähnen versehenes Gebiss hervortreten. Die Formen der Brust sind nicht weiblich, der alten Auffassung entsprechend, welche den Charakter des Geschlechts nicht betonte und wie es scheint bisweilen sogar einen Bart im Gesicht zuliess[3]).

Pegasus ist geflügelt[4]. Der untere Contur seines Bauches trifft mit demjenigen des rechten Schenkels der Medusa so zusammen, dass es den Anschein hat als sei er mit ihrer Hüfte verwachsen. Bedeutsam und sprechend ist die Bewegung des Anspringens. Auf andern Monumenten ragt er mit halbem Leib aus dem enthaupteten Halse hervor; hier ist er vor ihr angebracht ohne dass die Art seiner Entstehung deutlich ausgedrückt wäre.

---

1) An der Lade des Kypselos Paus V 19, 5. Ein Werk des Gitiadas Paus. III 17, 3, des Myron I 23, 7. Hesiod scutum Herc. 216 folg. — Ein Perseus des Pythagoras Brunn Künstlergesch. I p. 134. Die Enthauptung der Medusa war von Thrasymedes am Throne des Asklepios in Epidauros dargestellt Paus. II 27, 2.

2) Verwandte Darstellungen sind besprochen von Conze und Klügmann annali d. inst. 1866 p. 289, 444.

447. Otto Jahn Philologus XXVII p. 3 folg. Vergl. K. F. Hermann die Hadeskappe p. 1 folg.

3) z. B. Gerhard griech. und etrusk. Trinkschalen II p. 4, 10. Brit. Mus. 611*. — Ueber die Bedeutung des archaischen Gorgoneutypus Dilthey annali d. inst. 1871 p. 215 folg.

4) Dies hat Stephani compte-rendu 1864 p. 32, 6 nach den bisherigen Abbildungen und Beschreibungen nicht mit Recht bezweifelt.

Perseus ist unbärtig und mit kurzem Haar dargestellt. Zu beiden Seiten seines Halses stehen Fragmente [1] aus dem Grunde hervor, welche wohl für Ueberreste von Zöpfen zu halten sind, der Tracht auf Tafel IV 2 entsprechend. Er trägt einen flachen Petasos, hohe über den Knöcheln geschnürte Schnabelstiefel welche die Gliederung der Füsse durchscheinen lassen, und ein nicht näher bestimmbares Kleidungsstück, von welchem über den Hüften nur das untere gefältelte Ende und ein mit gemalten Buckeln verzierter Gürtel sichtbar ist. Das Instrument, dessen er sich bedient, kann nur ein Schwert[2] sein da es nicht gebogen ist; ein Stück der Scheide scheint hinter seinem Rücken vorzusehen. Sonach fehlen alle Attribute die ihm sonst eignen, die Beflügelung an Fuss und Kopf, die Harpe und die Tasche in der er das Haupt der Medusa fortträgt.

Die weibliche Figur an seiner Seite ist mit einem bis zu den Füssen reichenden gefältelten Aermelchiton bekleidet, dessen oberes Ende durch ein auch auf die Oberarme herablaufendes, eckiges Ornament, dessen vorderer Streifen durch einen Mäander verziert ist. Es fehlt jede Andeutung in welcher Bewegung ihr linker Arm zu denken sei. Die rechte Hand ist geschlossen auf die Brust gelegt; sie hat kein Attribut gehalten, auch kein durch blosse Farbe bezeichnetes[3]. Von einer gemalten Aigis, welche Angell und Evans durch das obere Saumornament des Chiton angedeutet glaubten, war nach Serradifalco's[4] ausdrücklichem Zeugniss keine Spur vorhanden. Wie nach analogen Compositionen allgemein angenommen wird, erwartet man natürlicher Weise die Schutzgöttin des Perseus, Athene, an dieser Stelle. Ob aber eine Darstellung der Athene von dem Verfertiger des Reliefs wirklich beabsichtigt worden sei, bleibt durchaus zweifelhaft. Die räumlich verkümmerte Art ihrer »schattenähnlichen« Erscheinung, welche den Eindruck einer blossen Füllfigur gibt, und die gewissenhafte Deutlichkeit, mit welcher die alterthümliche Kunst sich überall verständlicht, macht hier wo alle Abzeichen der Göttin fehlen eher das Gegentheil wahrscheinlich. Zudem kehren auch in andern Darstellungen desselben Gegenstandes nicht näher charakterisirte weibliche Figuren wieder[5].

Tafel II.

Schlechter erhalten ist die zweite aus 48 Fragmenten zusammengesetzte Metope; namentlich haben in ihrer untern Hälfte die durch den Bohrer vertieften Stellen in den Gesichtern der Kerkopen und an den Beinen des Herakles durch Wetter und Regenschlag stark gelitten.

Es fehlt die linke Hälfte des obern Balkens, beide Seitenränder bis auf geringe Reste, beide Ecken links im Reliefgrunde; an Herakles das Ende der Nase, welche in Folge dessen im Profil wie gebogen aussieht, die rechte Hand mit der Hälfte des Unterarms, ein Stück des Schwertgriffs, das rechte Auge mit einem Theil der Stirn und des Haars, verschiedene Stellen auf beiden Schenkeln, in der linken Brust und am Unterleib; am Kerkopen zur Linken der obere Kopf, beide Unter-

---

[1] Worin Angell und Evans a. a. O. p. 19 Huibänder, Levezow Entwickelung des Gorgoneideals p. 44 Rückenflügel des Perseus erkennen wollte. — Das Stück unter dem rechten Ohr, welches links rechtwinklig mit glatter Seitenfläche vom Grunde absteht, gehörte dem linken Unterarm der weiblichen Figur, wie man etwa glauben könnte, nicht an. — Nicht undenkbar wäre, dass mit der flachen Kopfbedeckung eine (durch den Raum verkürzte) phrygische Mütze mit Bändern gemeint sei, wie Perseus sie häufig trägt.
[2] Ein Schwert, nicht eine Harpe, trägt Perseus bei Hesiod scut. 218: ὤμοισιν δέ μιν ἀμφὶ μελάνδετον ἄορ ἕκειτο χάλκεον ἐκ τελαμῶνος.
[3] Klenze bei Thiersch Epochen p. 409 der 2. Ausgabe.
[4] Angell und Evans a. a. O. p. 19. Serradifalco a. a. O. p. 100, 139.
[5] Z. B. Gerhard auserlesene Vasenbilder II Taf. 89, 4. Cat. Campana II 25. Annali d. inst. 1866 tav. d'agg. R. — Vielleicht hätte Gädechens de Graeis p. 31 diese Figur besser als irgend eine andere für seine Behauptung benutzen können.

Arme, ein Stück unterhalb des rechten Knies und die Fusszehen: am Kerkopen zur Rechten der Hals, ein grosses Stück am linken Schenkel und einige Stellen am Kopf, an den Unterarmen und Füssen.

Ergänzt sind kleine Stellen im Haar und auf den Schenkeln des Herakles, das rechte Ende der Tragstange, das linke der Schwertscheide.

Spuren von Roth haben sich im Grunde und auf dem obern Balken des Reliefs, im Mäander erhalten; ausserdem auf dem rechten Schenkel so wie auf dem Arm unmittelbar unter der rechten Schulter, an dem Schwertbande und der Schwertscheide des Herakles, auf den Riemen, den Schultern und Oberarmen der Kerkopen.

Das Relief vergegenwärtigt die bekannte auch in Sicilien heimische Fabel der Kerkopen[1]. Herakles trägt die beiden Unholde, die ihn im Schlafe störten, fest gebunden auf seinem Rücken wie eingefangenes Wild von dannen. Es ist charakteristisch für die Treue mit welcher die griechische Kunst an ihren ursprünglichen Erfindungen festhielt, dass fast alle erhaltenen Monumente welche denselben Gegenstand behandeln, die nemliche Situation in gleicher sprechender Einfachheit vorführen[2]. Vielleicht hat dieser feste Kunsttypus Anlass zu der bekannten Ausschmückung der Sage gegeben, wonach die Kerkopen in dieser Situation Herakles als Melampygos erkennen vor dem sie durch ihre Mutter gewarnt waren, ihn zum Lachen reizen und sich dadurch die Befreiung erwirken[3]. Eine so humoristische Auffassung ist wie ich glaube dieser alterthümlichen Darstellung durchaus fremd.

Die Figur des Herakles hängt in ihrem obern Theil mit dem Reliefgrunde zusammen, während die Beine frei abstehen und auch auf der Rückseite vollkommen ausgeführt sind. Bekleidung ist nirgends plastisch zu erkennen. Nach Farbenüberresten, welche grösstentheils verschwunden sind, erkannte Serradifalco eine Löwenhaut[4], welche von der linken (?) Achsel bis zu den Hüften reichte und durch einen mit einer Schnalle versehenen Gürtel zusammengehalten war. Herakles trägt an einem über die Brust laufenden Bande, wie in vielen alterthümlichen Darstellungen[5], ein Schwert, (welches Hittorff, Angell und Evans mit Unrecht für einen Köcher halten) und quer über beide Schultern ein Tragholz[6], welches nach Art eines Bogens geschwungen ist und der Deutlichkeit

---

[1] Creuzer Symbolik III p. 225 folg. Lobeck Aglaophamos II p. 1296 foig. Böttiger Amalthea III p. 318 folg. E. Gerhard auserl. Vasenb. II p. 86 folg. Welcker episch. Cyclus I? p. 383, 444.

[2] Unbedeutend variirt, hin und wieder durch Figuren von Athene und Hermes erweitert, erscheint dieselbe Composition auf schwarzen Vasen: 1) Lekythos aus Girgenti im Besitz von Serradifalco, veröffentlicht von diesem im giornale di scienze lettere ed arti per la Sicilia Palermo 1830 tom. XXVIII p. 49 folg., wiederholt von Inghirami vasi fittili II +73; Hittorff recueil des monuments pl. 29 F. III. — 2) Amphora im Cabinet Durand, de Witte cab. Durand no. 315, Gerhard auserles. Vaseub. II 110. — 3) Amphora des Principe di Canino, aus Vulci, Catalogo no. 612 p. 43. — 4. Amphora durch François in Vulci gefunden, in den Uffizien zu Florenz, Henzen bullett. d. inst. 1850 p. 168, Heydemann bullett. d. inst. 1870 p. 182, 8. — 5) Amphora aus Vulci, Braun bullett. d. inst. 1843 p. 65. — 6) Schale in der Sammlung Campana, Catalogo Campana IV 613. — Auf Vasen mit rothen Figuren: 1) Amphora aus Girgenti in München, bullett. d. inst. 1830 p. 95, Otto Jahn Verzeichn. no. 783.

Hittorff recueil d. mon. pl. 60 F. 1. — 2) Amphora im Musco Biscari in Catania, d Hancarville antiqu. gr. etr. et rom. III pl. 88, Saint-Non voyage pittor. II p. 243. Serradifalco antich. II p. 1, Wieseler Denkmäler des Bühnenwesens IX. 9 p. 56. — 3) Amphora aus S. Maria di Capua im Besitz Panofka's, Panofka Poseidon Basileus und Athene Sthenias, Berliner Winckelmannsprogramm 1857 no. 1, 2. Nur die beiden letzteren und no. 6 weichen ab; no. 2 ist eine Bühnenscene, no. 3 und 6 stellen wenn die Erklärung richtig ist, Herakles im Kampf mit Kerkopen dar. Hinzuzufügen ist ein Scarabäus der Durand'schen Sammlung, de Witte catal. Durand no. 2193. Impr. d. inst. V 23.

[3] Zenob. VI 0... οἱ δὲ θαρρήσαντα περὶ τὴν πυγὴν τοῦ Ἡρακλέους ὁρῶντες, ἱγέλων, ἀναμνησθέντες τῆς μητρός, πυθόμενος δὲ Ἡρακλῆς τὴν αἰτίαν τοῦ γέλωτος, ἤδη καί ἀπέλυσαν αὐτούς, Tzetzes Chil. V 81—94. Vergl. Leutsch paroem. gr. I p. 119.

[4] O. Müller Handbuch d. Archäologie § 40, 2 wollte eine Löwenhaut von vergoldeter Bronze annehmen, was unmöglich ist.

[5] Vergl. O. Müller a. a. O. § 410, 6.

[6] Ἀνάφορον oder κατωφόρον genannt, vergl. Bötti-

wegen rechts und links mit beiden Enden vorsah. Die rechte Hand ruhte geschlossen auf der Brust; von der linken kommen die Finger zum Vorschein.

Die Figuren der Kerkopen sind im Untertheil symmetrisch, im Obertheil vollkommen identisch componirt. Von ihrer Bekleidung sind nur Farbenüberreste auf Brust und Schultern sichtbar. Sie tragen das Haar auf dem Kopf kurz, hinter den Ohren in langen Zöpfen, welche als compacte regelmässig gegliederte Massen zu beiden Seiten herabhängen. Ueber den Handgelenken, oberhalb der Fussknöchel und der Kniee sind sie durch je drei plastisch ausgeführte Riemen gebunden. Ihre zurückliegenden Beine sind sammt den Füssen und Zehen angedeutet und bilden ein noch ziemlich hohes Relief.

Tafel III.

Diese Metope hat am Meisten gelitten und ist auch wegen ihrer grossen Tiefe nicht genügend durch die Photographie reproducirt. Es fehlen der obere (in Holz ersetzte) Balken und die beiden Seitenränder mit Ausnahme kleiner Stücke; von der Figur rechts der Kopf und die linke Hand hinter der Mähne des von links gerechnet vierten Pferdes; von diesem ein Stück des rechten Hinterbeins; vom rechten Rade die obere Hälfte; vom dritten Pferde der Schopf der Mähne; von der mittleren Figur der Torso von den Hüften bis zum Kinn, die Arme mit Ausnahme des linken Unterarms, der obere rechte Theil des Kopfes und die Hälfte des linken Ohrs; vom zweiten Pferde die Schnauze; von der Figur links das ganze Obertheil mit Ausnahme des rechten Arms, des Zopfes und der linken Hand.

Ergänzt sind einige Stellen in den Vorderbeinen der Pferde, ein Stück des Grundes zwischen dem dritten und vierten Pferde und der ganze obere Theil desselben, in welchen die Hand der Figur zur Linken und der Kopf der mittleren eingesetzt sind. Einige Theile des Kopfs der Figur zur Rechten, dessen Zugehörigkeit Harris und Angell erkannt hatten, sind von Serradifalco in die Publication aufgenommen worden. Roth war auch hier der Reliefgrund, ausserdem die Wagendeichsel, die Enden der Achsen und der Ornamentstreifen an dem Untertheil der mittleren Figur; rothbraun die Zügel und das Gebiss der Pferde. Unsicher sind Reste von Grau am Leib des zweiten, von Weiss am Leib des dritten Pferdes.

Ein ruhig stehendes Viergespann ist in Vorderansicht gegeben. Der Wagen ist so gestellt, dass die vordere Hälfte seiner beiden scheibenartigen Räder, denen die Andeutung von Speichen fehlt, senkrecht vom Grund vorspringen, und die Deichsel auf dem Wagenkasten vertical in die Höhe steht. Die Pferde sind ebenso genau en face zu sehen und haben die volle Reliefausladung; ihre Hinterbeine, zwischen denen lange Schweife herabhängen, sind vom Grunde losgearbeitet, während dem durchschnittnen Rumpf die Andeutung der obern Schenkel- und Backenpartien abgeht. Die beiden äussern, etwas grössern, stehen als Seilpferde (παρήοροι¹) ausserhalb der Räder, treten ein wenig mehr hervor als die angeschirrten mittleren ζύγιοι und wenden die Köpfe symmetrisch zur Seite. Die Beschirrung war nicht blos durch Farbe, sondern allem Anscheinnach plastisch ausgeführt; das Riemenwerk ist auf der Brust jedes Pferdes in einer runden Scheibe vereinigt, von

---

ker Amalthea III p. 324. Die Aehnlichkeit dieses Geräths mit einem Bogen beweist ein Fragment des Plato Meineke fragm. com. II 2 p. 633 bei Pollux onom. X 17: Πλάτων ὃς ἐν Διὶ κακουμένῳ καὶ τὸ τόξον ἐν παιδιᾷ παρεικάζων ἔφη· κεράτινον εἶχον σακεσφόριον καὶ καμπύλον.

¹ Schlichen die Pferde des Alterthums p. 157.

welcher ein Streifen, wie es scheint, zwischen den Vorderbeinen hindurchlief. Die üblichen Verzierungen der Trense[1]) fehlen. Die Mähnen sind sorgfältig in perückenartig zusammengelegte Zöpfe geflochten und auch an den Stellen ausgeführt, welche nie gesehen werden konnten.

In halber Reliefhöhe stehen hinter den Pferden drei Figuren, welche sich gleichfalls von vorn zeigen. Von der ersten und dritten werden zwischen den Hinterbeinen des ersten und vierten Pferdes die Füsse (ohne Sandalen) und glatte faltenlose Gewänder sichtbar, welche bis zum Boden reichen. Beide sind durch gleiche Grösse und Tracht sowie durch ihre symmetrisch entsprechende Haltung als zusammengehörig charakterisirt. Die Figur zur Rechten hat weibliche Brüste; aus ihrem welligen Haar fallen drei steife Locken auf die linke Schulter herab, während drei andere, wie deutliche Reste im Grunde hinter der rechten Schulter beweisen, auf den Nacken niedergingen; was sie in der erhobenen und geschlossenen rechten Hand hielt, lässt sich nicht mehr bestimmen[2]. Ebenso unsicher bleibt der Rest eines Attributs in der erhaltenen Hand der Figur zur Linken. Man hat es fälschlich für Zügel genommen, die doch an andern Stellen des Reliefs ganz anders gebildet sind, oder für die Handhabe (ὄχανον) eines Schildes, für den kein Platz vorhanden wäre. Die dünne strickartig gewundene Form desselben hat am meisten Aehnlichkeit mit einer Haarlocke; rechts von der Hand krümmt es sich in die Höhe als hätte ein Zusammenhang mit dem benachbarten Kopf stattgefunden.

Die mittlere Figur ist kleiner, weil sie auf dem Wagen steht der sie zur Hälfte verdeckt. Sie ist unbärtig und hat gewelltes Haar, von welchem zu beiden Seiten Locken herabfielen; sie trägt ein langes, nach der Einkerbung der Hüften zu schliessen, gegürtetes Gewand, das mit einem verticalen Ornamentstreifen verziert war. Danach lässt sich ihr Geschlecht nicht feststellen. Mit der Linken hält sie die Zügel der Pferde, was der durchgehenden Symmetrie wegen auch für ihre Rechte vorauszusetzen ist.

Die abweichende Composition, der angeblich vorgeschrittenere Stil und die bedeutendere Tiefe des Reliefs brachten Klenze auf den Gedanken, dass es nicht eine Metope sondern ein Anathem des Tempels gewesen sei. Diese haltlose aber bis in die neueste Zeit oft wiederholte Vermuthung[3] ist nicht blos durch die zuverlässigen Fundberichte von Angell und Harris sondern auch durch innere Gründe widerlegt. Nur die Bildung der Pferde, nicht diejenige der menschlichen Figuren, zeigt einen scheinbar entwickelteren Stil; die grössere Tiefe des Reliefs aber erklärt sich durch den für die Darstellung gewählten Gegenstand — die en face Stellung der Pferde führte von selbst zu einer stärkern Reliefausladung — und die abweichende Composition war eine Folge der Centralstellung über dem mittelsten Intercolumnium; während die Figuren der übrigen Metopen im Profil stehen, wurde hier, zur Hervorhebung der Mitte, die Vorderansicht bevorzugt. Die Symmetrie erforderte dann, dass die anstossende zweite Metope über dem mittelsten Intercolumnium in der nämlichen Weise componirt war — und in der That sind von ihr Fragmente aufgefunden worden, welche die identische Composition eines Viergespanns in Vorderansicht sicherstellen[4].

[1] Stephani compte-rendu 1865 p. 167.
[2] Angell und Evans a. a. O. p. 14 wollten »a description of handguard, the ὀχάνης, continuing partly up the wrist« erkennen.
[3] O. Müller Handbuch d. Archäologie § 90, 2, Feuerbach Gesch. der griech. Plastik I p. 128, Overbeck Gesch. d. griech. Plastik I² p. 203, 31, Bursian griech. Kunst in Ersch und Gruber's allgem. Encyclopädie p. 408, 67. Ebenso wird von dem letzteren a. a. O. und von Wieseler Denkm. a. Kunst I p. 4 der alte Irrthum getheilt, dass es sich nur um ein Zweigespann und zwei Reiter zu beiden Seiten handle.
[4] Angell und Evans a. a. O. p. 46 »some fragments belonging to the other central metope were found, corresponding both in size and style«. Serradifalco a. a. O. p. 101, 146 »di questa scultura si rinvennero soltanto alcuni piedi di cavalli, attaccati alla base delle metope, uguali per la grandezza e per la situazione«; im Text p. 50 »molti frammenti i quali ci fean certi che un altra quadriga fosse benanche su questa rappresentata«.

Diese Thatsache verbürgt als Fundament der Erklärung, dass beide Reliefs nicht blos räumlich sondern wegen ihrer gleichen Composition auch ideell zueinander gehören, in ähnlicher Weise wie ein innerer Zusammenhang benachbarter Metopenreliefs am Theseion[1]) und Parthenon[2]) nachgewiesen ist. Damit ist eine ganze Reihe bisheriger Deutungsversuche[3]) beseitigt. Nur zwei derselben können Anspruch erheben möglich zu sein: der eine auf Helios und Phaethon, der andere auf Pelops und Oinomaos. Zu Gunsten des ersteren liesse sich eine Darstellung des Helios und Phaethon auf zwei besonderen Wagen anführen, welche Pausanias[4]) auf den Propyläen beim Markte von Korinth sah, und man würde dann die weiblichen Figuren vor Horen zu halten haben, denen die Anschirrung des Sonnenwagens öfters zugeschrieben wird. Indessen lässt sich der Mythos des Phaethon in der Literatur nicht über das fünfte Jahrhundert, in der bildenden Kunst nicht über die römische Zeit zurück verfolgen[5]). Für die letztere Deutung haben Angell und Evans auf die Composition des Paionios im östlichen Giebelfelde des Zeustempels zu Olympia[6]) hingewiesen, welche in Anlage und Ausführung durchaus verschieden, nur die allgemeine Vergleichung zulässt, dass sie den Wagenkampf des Pelops und Oinomaos in einem Moment der Vorbereitung darstellte. Am natürlichsten ist wohl die Erwartung, dass beide durch ihre Composition und centrale Stellung ausgezeichnete Metopen einen Bezug zur Tempelgottheit enthielten, wie er sonst in den hier noch fehlenden Compositionen der Giebelfelder ausgedrückt zu werden pflegte; und da anderweitige Gründe darauf führten als solche Apollon vorauszusetzen, der als Helios mit dem Viergespann auf selinuntischen Münzen vorkommt, so wäre es nicht undenkbar, dass in poetischem Zusammenhang mit den Heroenthaten zu beiden Seiten, Helios und Eos oder Selene dargestellt gewesen sei, in ähnlichem Sinn wie diese Lichtgötter später in den Compositionen der Giebelfelder verwendet wurden[7]). Mit so unbestimmten Analogien ist aber für eine wahrscheinliche Erklärung wenig gewonnen, und es liegt auf der Hand wie von einer solchen bei einer so geringen Erhaltung überhaupt nicht die Rede sein kann. Auch die zahlreichen ganz entsprechenden Darstellungen einer Quadriga in Vorderansicht, welche sich als ein bis in alle Einzelheiten constantes Schema der archaischen Kunst auf den verschiedensten Monumenten wiederholt finden[8]), sind für die Deutung ohne Nutzen.

Tafel IV.

No. 1. 1. zwei anscheinend zusammengehörige übel erhaltene Metopenfragmente, welche Cavallari auf der Frontseite des Tempels C in der Nähe des nordöstlichen Triglyphen gefunden hat.

---

[1]) Petersen arch. Zeitung 1866 p. 257 folg.
[2]) Michaelis Parthenon p. 146.
[3]) Pisani: Demeter Persephone und Jakchos. Klenze: der olympische Sieg der Kyniska Tochter des Archidamos. Palumbo-Thiersch: Apollon der selinuntischen Münzen (ohne Bezug zur Tempelgottheit) nebst Hygieia und Pallas. Göttling: die argivische Hera mit Athene und Iris. Bursian: Eos mit den beiden Dioskuren. Andere Erklärungen angeführt von Angell und Evans; Phaethon und die Heliaden, Helena und die Dioskuren, Amphiaraos, Eirene und Plutos (nach Paus. I 8, 2), Erichthonios als Erfinder des Viergespanns. Die Deutung von Angell und Evans auf Pelope und Oinomaos hat Serradifalco näher begründet. Ritschl opuscula I p. 797 enthält sich des Urtheils.

[4]) Pausanias II 3, 2 ἐκ δὲ τῆς ἀγορᾶς ἐξιόντων τὴν ἐπὶ Λεχαίου προπύλαιά ἐστι καὶ ἐπ᾽ αὐτῶν ἅρματα ἐπίχρυσα, τὸ μὲν Φαέθοντα Ἡλίου παῖδα, τὸ δὲ Ἥλιον αὐτὸν φέρον.

[5]) Wieseler Phaethon p. 1. 13.

[6]) Pausanias V 10, 2. Welcker a. Denkm. I p. 179 folg.

[7]) Stephani compte-rendu 1863 p. 54 folg.

[8]) Als Relief von Terracotta, in Palermo Serradifalco a. a. O. XXVII bis, Hittorff recueil pl. 19 F 1 (ein zweites Exemplar im museo nazionale zu Neapel, abgekürzt auf einer ara di terracotta aus Girgenti in der Sammlung Mongelli in Neapel, Minervini bullett. arch. Napol. N. S. II 2, 3. auf Vasen z. B. Stephani Vasen-

Das grössere Stück ist 0",53 breit, 0",60 hoch und 0",13 dick, die Relieferhebung von 0",13 eingerechnet. Die Seitenflächen sind oben und rechts erhalten; von dem rechts vorspringenden Rande ist noch ein schwaches 0",04 breites Stück vorhanden, der obere Balken dagegen ist ganz weggebrochen (der Abstand des Kopfes vom obern horizontalen Rande beträgt 0",15). Die Breite des Fragments beweist, dass die Metope nur zwei Figuren enthielt. Farbspuren haben sich nirgends, auch im Grund nicht erhalten.

Man sieht nach links im Profil gewendet das Obertheil einer vermuthlich weiblichen Figur, deren Kopf namentlich im Gesicht arg verstossen ist. Sie scheint einen enganliegenden Chiton und ein im Rücken herabfallendes Obergewand mit einem quer über die Brust laufenden ungefältelten Streifen zu tragen. Ein langer Zopf fällt auf den Nacken nieder; denselben hält die linke Hand einer männlichen Figur gepackt, von der nur ein Arm erhalten ist. Sie setzt dem Angriff keinen Widerstand entgegen; ihr Kopf ist geneigt, beide Arme müssen ruhig niedergegangen sein. Ein unbestimmbarer Rest im Grunde vor ihrer Brust sitzt zu hoch und ist zu flach gehalten um den rechten Unterarm bedeuten zu können. Links davon zeigt sich auf dem Original das Ende einer Schwertscheide.

Von der Figur des Angreifenden ist auf dem zweiten 0",44 hohen, 0",26 breiten Fragment ein Stück des rechten und linken Schenkels zu sehen. Sie war im Profil nach rechts gewendet und muss ausspringend gedacht werden. Auf der Hüfte sind vier Finger der geballten rechten Hand, mit einem Stück des Schwertgriffs sichtbar.

Der Zustand der Fragmente erlaubt keine nähere Deutung. Schubring wollte »den Kampf des Herakles mit der Amazonenkönigin Hippolyte welche einen ledernen Helm trägt« erkennen. Mit Unrecht sind sie von Holm »einer spätern Kunstepoche als die übrigen Metopen dieses Tempels« zugewiesen worden[1].

No. 2 ist das bedeutendste Bruchstück welches von den übrigen Metopen des Tempels vorhanden ist. Es stellt in Vorderansicht einen bärtigen Kopf mit einer helmartigen Bedeckung dar, welche wie eine phrygische Mütze auf der Höhe des Kopfs einen Knauf zeigt. Hinter den Ohren fallen Streifen nieder, die man wegen ihres geschwungenen äussern Conturs für Mützenbänder halten könnte, wenn sie nicht wie Haarzöpfe gerippt wären und den deutlichen Haarzöpfen auf einem andern von Serradifalco (35,1) mitgetheilten Metopenfragment vollkommen glichen. Der vordere Rand der Kopfbedeckung, die Nase und das Kinn sind weggebrochen. Auf dem Helm sind Spuren rother Farbe erkennbar gewesen. Der Kopf ist zu gross um der zweiten Metope mit einem Viergespann, wie Hittorff[2] vermuthet, angehören zu können.

Tafel V.

Der allein erhaltene untere Block dieser Metope war in mehrere Fragmente gebrochen, welche erst nach und nach als zueinander gehörig erkannt wurden. Die Zeichnungen von Pisani

Sammlung d. kais. Ermitage no. 16. 39. 93. 102. Lenormant et de Witte élite céram. I p. 208. II 115. Gerhard auserl. Vasenh. 164. II 105. 106. Duc de Luynes descr. de vas. pl. VIII. Mus. Gregor. II 66. 4b Inghirami vasi fittili III 224.

[1] Schubring Göttinger Nachrichten 1865 p. 141. A. Holm rhein. Mus. N. F. XXVII p. 365.
[2] Hittorff recueil p. 119

und Klenze beschränkten sich auf die liegende Figur, von der man anfänglich vermuthete, dass sie aus dem Giebel herrühre[1]; Angell und Evans fügten ein Hauptstück der Gewandfigur hinzu, erst Serradifalco's Abbildung konnte Alles Erhaltene vereinigen.

Es fehlt der Fussleisten der Metope zum grössten Theil und einige Stücke des Reliefgrundes sowie der rechten Nebenseite; an der Gewandfigur ein Stück des rechten Unterschenkels und die grosse Zehe des linken Fusses; an der liegenden Figur der linke Oberarm und die linke Hand, der rechte Arm fast ganz und ein grosser Theil des Helmbusches.

Ergänzt ist die obere horizontale Fläche und die linke Nebenseite des Metopenblockes; an der weiblichen Figur die ganze Oberfläche des Gewandes am linken Bein vom Knie an abwärts, das untere Faltenende zwischen den Füssen, ein Stück in dem Gewandzipfel in der Gegend des rechten Knies, und Mehreres an den Zehen des rechten Fusses; an der liegenden Figur einige Stücke am Hals, rechten Arm, linken Theil der Stirn und Helm, ausserdem die Schamtheile (denen die in archaischer Kunst gewöhnliche Andeutung von Haar nicht gefehlt haben wird), die Nasenwurzel, das linke Auge und Ohr. Der Kopf war im Hals gebrochen; im rechten Augapfel ist eine beschädigte Stelle, welche in der Publication Serradifalco's fälschlicher Weise wie eine Pupille aussieht.

Gegenwärtig verschwundene Reste von rother, blauer und grüner Farbe sind bei der Entdeckung von Harris und Angell sowohl an den Figuren als im Reliefgrunde wahrgenommen worden.

Unbestreitbar richtig hat Hittorff (1825) in der Darstellung dieser und der folgenden Metope Scenen einer grossen Gigantomachie[2] erkannt, welche er sehr ansprechend in die zehn Metopen der Tempelfront so vertheilte, dass Zeus und Poseidon die Centralstellen des Frieses über dem mittelsten Intercolumnium einnahmen. Hier ist wahrscheinlich Athene oder Artemis[3] dargestellt; schwerverwundet ist zu ihren Füssen ein bärtiger Gigant niedergesunken, dessen rechten Arm sie offenbar erfasst hielt und dem sie mit der Lanze den Todesstoss giebt. Die lebhafte Bewegung, mit der sie als Zeichen des Triumphs den Fuss aufsetzt, bildet einen wirksamen Gegensatz zu der Lage ihres Gegners, der mit übergeneigtem Kopf und brechendem Auge seufzend zusammensinkt.

Die Göttin ist mit einem langen bis zu den Füssen reichenden Chiton bekleidet, der in einem Ueberschlag über den Leib, und in einem längern Zipfel auf die Seite herabfällt. Der Gigant trägt einen metallnen der Muskulatur sich anschliessenden Harnisch, welcher am Leib durch einen vorspringenden Rand beendigt ist; unterhalb desselben kommt der schmale Streifen eines dünn gerippten Kleidungsstücks und in längeren Falten ein kurzer Chiton zum Vorschein, der auch am Hals und an den Achseln wie eine gefältelte Krause sichtbar wird. Der zurückgeschobene Helm zeigt zwei Löcher für die Augen und über denselben nach beiden Seiten geschwungene ornamentale Linien, welche für Nachahmung von Stirnfalten gelten können. In der rechten Schulter steckt eine Lanzenspitze, welche links von der Achselhöhle vorsieht. Ihre gesenkte Richtung nöthigt zu der Annahme, dass die rechte Hand der Göttin, die den Schaft hielt, ausholend über den Rand der Metope hinausreichte, wie auch der Kopf, zumal wenn er behelmt war, nach den Verhältnissen der Figur und des disponiblen Raums zu schliessen, vorragend gedacht werden muss. Diese Einzelheiten sind in der Restauration von Hittorff, in welcher die weibliche Figur als Artemis ergänzt

---

[1] Hittorff in Schorn's Kunstblatt 1824 p. 109, danach noch bei Welcker alte Denkm. I p. 14.

[2] Wieseler Artikel »Giganten« in Ersch und Gruber's Encyclopädie, I 67.

[3] Stark Gigantomachie auf antiken Reliefs p. 15 entscheidet sich für Artemis.

ist, nicht beachtet; sie ist auch darin verfehlt, dass der linke Arm des Giganten in spitzem Winkel zur Ecke gebogen erscheint, anstatt, wie die erhaltenen Theile lehren, dicht an der untern Brustseite hingeführt zu sein. Diese letztere ist wie eine gerade Fläche behandelt; sie hätte entsprechender und sorgfältiger bearbeitet sein müssen, wenn zwischen Arm und Brust ein grösserer Spielraum geblieben wäre. So war jene natürlichere und künstlerisch wirksamere Haltung ohne Zweifel absichtlich aufgegeben, um den Ausdruck des Momentanen der in der Bewegung der Figur beabsichtigt war, sprechender hervorzuheben.

Tafel VI.

Von dem obern Metopenblock ist nur ein kleines Fragment übrig[1], der untere ist nicht gebrochen, viele Theile des Reliefs sind aber vom Wetter stark verwaschen.

Es fehlen einzelne Stücke des Fussleistens; an der Gewandfigur die Hälfte des rechten Unterschenkels, die Zehen des rechten Fusses und die Spitze des linken Gewandzipfels; am Giganten ein Stück Hals, das Ende der Schwertscheide und das Glied. Ergänzt ist die rechte obere Ecke der Metope, die beiden ersten Zehen des rechten Fusses vom Giganten und sonst kleine Stücke.

Der ins Knie gesunkene Gigant trägt einen kurzen nur über den Schenkeln sichtbaren Chiton, einen runden mit Achselbändern und zwei Reihen kurzer Klappen versehenen Panzer und über demselben ein nicht bestimmbares Thierfell, das auf der linken Achsel zusammengeknüpft ist und mit einer Tatze auf den rechten Schenkel niederfällt. Quer über seine Brust läuft ein Riemen, an welchem die Schwertscheide hängt (die an der andern Seite der Brust nicht vorsieht, wie Serradifalco's Publication angibt). Ein Theil des Helms wird im Nacken sichtbar; im Grunde ist ein Schild angedeutet der am Arm nicht befestigt ist. Der Gigant scheint in der erhobenen Rechten das Schwert gehalten zu haben, während die linke Hand, mit ausgestreckten Fingern, leicht auf den Boden gestützt ist.

Die Götterfigur trägt einen bis zu den Füssen reichenden Chiton mit doppeltem Ueberfall und ein faltenreiches Obergewand, welches in breiter Masse auf den Rücken und in zwei Zipfeln über die Schultern herabfällt. Ein Attribut ist nicht vorhanden; indessen zeigen die vollen Formen der Beine und Füsse, die straffere Art des Schritts und der senkrechte Fall der Brustfalten mit hinlänglicher Sicherheit, dass die Figur männlich sei[2]; auch die eigenthümliche Modellirung des Unterleibes dürfte in dieser Weise schwerlich an einer weiblichen Figur zugelassen worden sein. Wie die Nachbarschaft beider Metopen beweist, war also auch hier jenes natürliche Prinzip vieler Compositionen der Gigantomachie befolgt, Götter und Göttinnen in bunter Reihe abwechseln zu lassen. Die reiche Tracht des Gottes würde am Besten einer Darstellung des Dionysos[3] entsprechen.

---

[1] Ein zweites sicher zugehöriges von der rechten Schulter der Gewandfigur, welches die Publication von Angell und Evans pl. III zeigt, habe ich nicht gesehen.

[2] Hittorff recueil de monuments p. 189 hat zuerst, wenn auch nur unbestimmt, darauf aufmerksam gemacht, dass die Figur männlich sein könne; einem Apollon aber, den er in der Restauration pl. 59 F. 1 annimmt, würde ein solches Gewand in diesem Stil nicht angehören können.

[3] Ueber Darstellungen des Dionysos in Gigantenkämpfen, Otto Jahn annali d. Inst. 1869 p. 181 folg. Stephani compte-rendu 1867 p. 182 folg. Sein Gegner heisst bei Horat. od. II 19, 23 Rhoetus, bei Apollodor I x 2 Eurytos, bei Nonnus Dionys. 15, 174 Alpos.

Tafel VII.

Trotz mehrfacher Verletzungen ist das Relief im Ganzen wohlerhalten. Es fehlen einige Stücke des obern Balkens und des mehrfach gebrochenen Fussleistens; an der männlichen Figur die rechte Hand, die Schamtheile, der Schwanz des Thierfells welcher auf den rechten Oberschenkel der weiblichen Figur herabfiel wo noch das Ende vorhanden ist; die linke Hand und der rechte Fuss sind mehrfach gebrochen, das rechte Ohr verstossen. An der weiblichen Figur fehlt das Haar, die Nasenspitze, die Ohren, Theile der Mütze, ein Stück Gewand unterhalb des Harnischs, der rechte Rand des Schilds, der Schwertgriff, die Handhabe des Schilds in der linken Hand, in welcher ein antiker Bronzestift noch sichtbar ist, das linke Ende der Streitaxt; gebrochen war die Nase, die Mütze, der linke Unterarm und die linke Hand.

Ergänzt sind an der männlichen Figur kleine Stücke der linken Hand und der Zehen beider Füsse, Backe und Kinnlade des Kopfs vom Löwenfell sowie die hintere linke Klaue desselben über dem linken Arm; an der weiblichen Figur Theile beider Daumen, die erste Zehe und Stücke der zweiten und dritten Zehe des linken Fusses. — An der weiblichen Figur ist aus Marmor gearbeitet die Gesichtsmaske ohne das Haar und ohne die Ohren welche vielleicht besonders angesetzt waren, beide Hände von der Wurzel, beide Füsse von den Knöcheln an, und zwar der rechte Fuss aus zwei besondern Stücken, so dass der mittlere Theil desselben, der mit dem Fuss des Herakles zusammenhängt und von ihm bedeckt wird, aus Tuf besteht.

Unter den zahlreichen Denkmälern welche den Kampf des Herakles mit der Amazone veranschaulichen[1], nimmt die vorliegende durch Geschmack und Klarheit ausgezeichnete Composition eine der ersten Stellen ein. Herakles hat die Fliehende ereilt und durch einen Tritt auf den Fuss gezwungen sich ihm zu stellen. Während sie einen matten Versuch macht sich mit der Streitaxt zu vertheidigen, hält er sie mit der Linken am Kopfe fest gepackt und steht im Begriff ihr mit der Waffe die er in der rechten Hand führte, den Todesstoss zu geben.

Herakles ist in jugendlichen Formen, unbärtig und mit kurzgelocktem Haupthaar dargestellt. Er ist nur mit einem Löwenfell bekleidet, dessen Vordertatzen auf seiner Brust in einer verwickelten Schlinge vereinigt sind, die man, vielleicht weil sie an der Tracht des Heroen häufig angewendet wurde, nodus Herculeus[2] benannte. In der Eile des Andringens ist der Kopf des Löwenfells nach hinten zurückgefallen[3], während die linke Hintertatze desselben über den linken Arm geschlagen ist, so dass es wie ein Schild die Seite deckt. An der linken Hüfte trägt Herakles (ohne plastische Andeutung des Brustbandes) einen breiten offnen Köcher, neben welchem in flacherem Relief der wie ein Fittich[4] geformte Deckel herabhängt und ein Schwertgriff[5] vorsteht. Danach

---

[1] Böttiger Vasengemälde I 2 p. 187 folg. E. Gerhard auserlesene Vasenbilder II p. 66, Boutez annali d. inst. 1871 p. 136 folg.

[2] Böttiger Vasengemälde I 2 p. 191 folg., Ussing de nomin. vas. p. 131, Migliarini annali d. inst. 1852 p. 165 folg., Rossbach römische Ehe p. 178. Vergl. Antike Bildw. d. Laterau. no. 231 p. 153.

[3] Ein schon früh stereotyp gewordener Kunstgriff der Raumausfüllung, vergl. z. B. Revue archeol. 1844 pl. 81. 85, Berichte d. sächs. Ges. d. Wiss. 1854 Taf. VI.

[4] Dies ist die Form des Köcherdeckels gōryc welche

viele archaische Vasenbilder zeigen, besonders häufig bei Herakles, und im Unterschied von dem Bogenfutteral das an der nemlichen Stelle befestigt ist γωρυτος vergl. Köhler ges. Schriften II p. 16, Stephani compte-rendu 1864 p. 111 folg., z. B. E. Gerhard etruskische und campanische Vasenb. XV. XVI 1, 5; auserl. Vasenb. II 91. 102. 104. 110. 113. 115. 120. 3, 5. 125. 131. 134. 143. III 187. mon. ined. d. inst. IV 11. VI 27 A. VIII 6. Seltener ist ein fester Scharnierdeckel, mon. ined. d. inst. VI 33, Gerhard auserl. Vasenb. II 105. 106.

[5] Schwert und Köcher werden seltener nebeneinander

muss man in seiner rechten Hand die Keule voraussetzen; dieselbe stand frei von dem Reliefgrund ab und berührte das rechte Knie, woselbst noch der Rest einer Verbindungsstütze sichtbar ist.

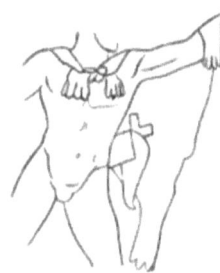

Die Amazone trägt die zum Costüm der Bogenschützen gehörige phrygische Mütze mit zwei herabfallenden Bändern, an Beinen und Armen ein durch die Verschiedenheit des Materials angedeutetes enges Gewand[1], einen Panzer und unter diesem einen kurzen gefältelten Chiton der an den Achseln und unterhalb der Hüften zum Vorschein kommt. An der Seite führt sie gleichfalls ohne plastische Andeutung des Brustbandes, ein Schwert, am linken Arm einen zur Hälfte ovalen Schild, und in der rechten Hand eine spitze, auf der entgegengesetzten Seite gekrümmte Streitaxt. Der Panzer der mit grosser Sorgfalt in allen Einzelheiten ausgeführt war, zeigt die alterthümliche Form des steifen θώραξ στάδιος[2], welcher den Körpertheilen nicht nachgebildet ist (daher eine Andeutung der Brüste fehlt); er besteht aus zwei den Rücken und die Brust bedeckenden Metallplatten (γύαλα), welche durch Achselstreifen (περόναι[3]) und auf beiden Seiten durch Flechtwerk aneinander befestigt sind; unten ist er durch zwei Reihen metallner oder lederner Klappen (πτέρυγες) beendigt.

Tafel VIII.

Der Metopenblock ist nahezu unversehrt, nur die Oberfläche des Reliefs hat im untern Theil gelitten. Es fehlt an der weiblichen Figur die rechte Hand und die Finger der linken, Theile des Haars, die Nasenspitze, kleine Stücke am rechten Fuss und die Gewandspitze unter dem linken Arm; an der männlichen Figur die Nasenspitze und ein Theil des linken Ohrs. Unbedeutende kleine Stücke sind hie und da mit Gips ausgebessert. An einigen Stellen zeigen sich schwache Spuren blauer, rother und gelber Farbe, welche vom Aufstossen verschiedener Architecturstücke herzurühren scheinen; so findet sich dasselbe Roth im Grunde, an dem rechten Unterarm und auf der linken Brustseite der männlichen Figur, im Obergewand und an dem rechten Arm der weiblichen Figur.

An der letzteren sind beide Füsse und Unterarme sowie die Gesichtsmaske sammt Hals und Ohr von Marmor. Der linke Unterarm ist aus zwei Theilen gearbeitet; für die Einfügung der besonders angesetzten linken Hand und des Gesichts ist der Reliefgrund eigens vertieft worden, was bei dem rechten Arm unterblieb, der in Folge dessen über die obrige Reliefläche etwas heraustritt.

Die Darstellung unterscheidet sich gegenwärtig von allen übrigen durch das Fehlen von Attributen und steht unter der Fülle der erhaltenen Kunstwerke in grossartiger Originalität fast ohne

---

an der Hüfte getragen; Belege z. B. Gerhard äusert. Vasenb. I 69. 70. II 146, 147.
[1]) Wieseler das Satyrspiel p. 138 folg.. annali d. inst. 1860 p. 130.
[2]) Schol. zu Apoll. Rhod. Arg. III 1226. Pausan. X 26, 2. Pollux onom. I 134. Böttiger Vasengemälde

I 2 p. 72. Friederichs Kunst und Industrie im Alterthum p. 228 folg. Vergl. die ähnlichen Panzer auf Vasenbildern bei Millingen peint. d. vas. pl. 49 — Overbeck Heroengallerie XXII 8, Lenormant et de Witte élite céram. IV 98 u. A. und am Herakles des Ostgiebels der Aegineten, Brunn Beschreibung der Glyptothek no. 54

Vergleich da. Die Deutung würde daher, wie so oft wenn äussere Hilfsmittel fehlen, mit Unsicherheit behaftet bleiben, wenn nicht eine ungewöhnliche Klarheit der Anlage und eine ebenso bestimmte als feine psychologische Characteristik dem Verständniss entgegenkäme.

Eine matronale Figur zeigt sich im reichsten Gewandschmuck. Sie trägt einen dünnfaltigen wollenen Aermelchiton, darüber ein zweites bis zu den Füssen reichendes über den Hüften gegürtetes[1]) Gewandstück welches mit doppeltem Ueberschlag die Brust bedeckt, und einen weiten Mantel der wie ein Schleier auf den Kopf genommen ist. Ihr gegenüber sitzt, mit Schuhen und einem den untern Theil des Körpers verhüllenden Gewand bekleidet, ein bärtiger Mann auf einem Felsen. Sein reiches Haar ist nach einer eigenthümlichen in der archaischen Kunst häufig wiederkehrenden Tracht[2]), über der Stirn in kleinen Buckeln angeordnet und im Nacken zu einer Flechte sorgfältig zusammengedreht, welche in eine Schnur auslaufend rings um den Kopf geführt ist. Ein im Reliefgrund dicht am Hinterkopf befindliches Loch wird, wie an andern Reliefs[3]), zur Befestigung eines besonders angesetzten metallnen Kranzes gedient haben.

In der ganzen hoheitsvollen Haltung der Figur ist der Gott unverkennbar. Gebieterisch hat er das vor ihm stehende Weib am Gelenk der linken Hand gefasst und sie genöthigt sich ihm zu entschleiern. Den Arm leicht aufstützend, den Oberkörper zurückgebengt, zieht er sie mit Macht zu sich nieder, indem er, wie der leise geöffnete Mund verräth, mit einer gemischten Empfindung von Entzücken und Verlangen ihr ins Angesicht sieht. Er wirbt nicht, sondern macht ein Recht geltend, und die Art ihrer Zurückhaltung scheint es zu bestätigen. Bei aller vornehmen und vollendeten Würde, welche die prachtvoll ruhige Entfaltung des Gewandes ihrer Erscheinung verleiht, drückt der im Widerstreben erhobene Arm, die streng aufrechte majestätische Haltung die sie der Figur und namentlich dem Kopf gibt, eine Sprödigkeit des Widerstandes aus, welche nur durch einen leisen Zug von Verlegenheit, da nach sichern Spuren die rechte Hand den Saum des Schleiers erfasst hielt, wohlthuend gemildert sein mochte. Diese Haltung unterscheidet sich bestimmt von jenen anmuthigen Zügen jungfräulicher Zaghaftigkeit, mit welchen die griechische Kunst in allen hochzeitlichen Scenen das Auftreten der Braut in liebenswürdiger Feinheit der Empfindung auszeichnet.

Dass eine Liebesvereinigung in der That den Gegenstand der Darstellung bilde, setzt der Kranz des Gottes, die Verschleierung der Göttin und die Situation selbst ausser Zweifel. Dies hatte auch Serradifalco[4] nicht verkannt, wenn er zweifelnd den nicht zu begründenden Gedanken an Zeus und Semele aussprach. Um so glücklicher erkannte Otfried Müller[5] die im vierzehnten Buch der Ilias reizvoll erzählte Begegnung des olympischen Herrscherpaars auf dem Berge Ida[6]. Diese Erzählung erklärt nicht nur den angedeuteten Ort der Handlung und den kunstvollen Anzug

---

[1]) Die Gürtung ist durch den vom obern Ueberfall wohl unterschiedenen Ueberschlag des Gewandes gesichert; vergl. Overbeck Rhein. Mus. für Philologie N. F. XXIII p. 524.

[2]) Ganz entsprechend an einem archaischen Broncekopf des Museo nazionale zu Neapel [Kekulé annali d. inst. 1870 p. 263, mon. ined. d. inst. IX 18, sowie an dem zu Theater zu Athen gefundenen Apollon und seinen Repliken, Conze Beiträge zur Gesch. d. griech. Plastik Tafel III—VIII p. 17 folg.; Friedrichs Bausteine p. 69 führt als weitere Beispiele an seine ähnliche Frisur an dem Apollo des Britischen Museums, Marbles of the Brit. Mus. XI 32, mit welchem der Kopf des hiesigen Museums no. 175 übereinstimmt, [Gerhard Berlin's ant. Bildwerke p. 76 no. 109, Conze a. a. O. Tal. VIII 1ᵃ, 1ᵇ], an Hermes auf Münzen von Aenus und an einem Kopf des hiesigen Museums no. 218 [Gerhard a. a. O. p. 84 no. 131], an Poseidon und Athene auf den Terrakottareliefs in der Glyptothek zu München no. 39 (deren antiken Ursprung Brunn bezweifelt, Guattani mon. ant. 1784 t. 2, 3) und an einer der aeginetischen Figuren (Brunn no. 58).

[3]. So z. B. an dem eleusinischen Relief im Theseion, Kekulé ant. Bildw. im Theseion no. 67 p. 54, am Parthenonfries, Michaelis Parthenon p. 223 und p. 207.

[4]) Serradifalco a. a. O. p. 66, welchem Hittorff recueil p. 165 beigetreten ist. Steiner Amazonenmythus p. 93 dachte an Zeus und Leto oder Apoll und Daphne. — Dass Zeus bekränzt war, ist wie viele andere Details in den Metopen auf welche besonders aufmerksam zu machen überflüssig schien, bisher unbeachtet geblieben.

[5]) Otfried Müller kleine deutsche Schriften II p. 177 folg.; ihm ist Welcker a. Denkm. IV p. 104 (vergl. an O. Müller's Handbuch der Archäol. § 119, 4) und Gölling gesammelte Abhandlungen II p. 101 gefolgt.

[6] Homer Ilias XIV 153—351

der Göttin — Hera hatte sich nach Homer mit einem gestickten Gewande, einem Geschenk der
Athene, und einem sonnenhaft glänzenden Schleier für den Besuch sorgfältig geschmückt — sondern
auch den bedeutungsvollen Umstand, dass die Göttin steht, der Gott sitzt, und vor Allem den starken
Contrast der Stimmung in Beiden. Den Zaubergürtel der Aphrodite welchen Hera am Busen ver-
borgen hielt, und die Hilfe des Hypnos konnte der Künstler denn es um eine Illustration des
Dichters nicht zu thun war, in seine bildliche Schilderung nicht herübernehmen. Um so entschie-
dener betonte er die plastisch wirksameren Züge der Situation, die Leidenschaft des Gottes und
den künstlichen Widerstand der Göttin, die nach den Worten ihres Gemahls:

    Komm, wir wollen in Lieb' uns vereinigen, sanft gelagert,
    Denn so sehr hat keine der Göttinnen, oder der Weiber,
    Je mein Herz im Busen mit mächtiger Gluth mir bewältigt,
    Als ich anjetzt dir glühe, durchbebt von süssem Verlangen!

die Antwort bereit hat:

    Welch' ein Wort, Kronion, du Schrecklicher, hast du geredet!

Die Erklärung Otfried Müller's, in sich gesichert wie wenig andere, hat allgemeine Zustimmung gefunden und ist erst in neuster Zeit[1], wie ich glaube ohne hinreichenden Grund und
innere Wahrscheinlichkeit, durch eine Deutung auf die heilige Hochzeit des Zeus ersetzt worden.
Sie ist überdies durch ein berühmtes pompejanisches Wandgemälde[2] bestätigt, welches die nemliche
Situation mit dem gleichen Ernst, mit sinnvollem aber die Hauptwirkung eher beeinträchtigendem Bei-
werk und ohne jene packende Gewalt der Leidenschaft darstellt. Gegenwärtig, da der Tempel E als
Heraion erwiesen ist, hat die Beziehung auf Hera und Zeus eine neue Stütze erhalten. Die Metope
befand sich rechter Hand über dem mittelsten Intercolumnium des Pronaos. Hier war also, was bei
dem Tempel C nur vermuthet werden konnte, thatsächlich ein Hinweis auf die Gottheit des Heiligthums,
ohne Zweifel bedeutsam unterstützt durch die Darstellung der andern Metope, in der Centralstelle des
Frieses ausgesprochen[3]. Nach den Gesetzen strenger Symmetrie welche den plastischen Schmuck der
griechischen Architectur beherrschen, lässt die Composition deren Schwerpunkt auf der linken Seite liegt,
auf eine Ergänzung durch die benachbarte Darstellung schliessen, am natürlichsten wohl in der Weise,
dass in dieser dasselbe oder ein ähnliches Schema der Composition im Gegensinn wiederholt war[4].

Tafel IX.

Auch an dieser im Ganzen wohlerhaltenen Metope hat die Oberfläche des Reliefs durch
Verwitterung gelitten. Es fehlen kleine Stücke des Fussleistens und die linke Ecke des oberen
Balkens; an der weiblichen Figur, deren Lippen- und Augenränder beschädigt sind, die Nasenspitze,
die Finger beider Hände, das Attribut welches die linke Hand hielt, Theile des Gewandes am Ansatz des linken Unterarms, die Zehen des linken Fusses, an dem nur die drei vordern ausgeführt

---

[1] Förster die Hochzeit des Zeus und der Hera p. 34 folg.

[2] W. Helbig Wandgemälde no. 114 p. 34. Mus. Borbonico II 89. Braun Kunstmythologie Taf. I. Förster a. a. O. p. 35, 1.

[3] Aehnlich wie bei dem Tempel des Apollon zu Phigalia. Cockerell temples of Jup. and Apollo pl. V p. 52.

Stackelberg Tempel des Apollo zu Bassae p. 94 Taf. XXX 2 und am Parthenon, da Michaelis Parthenon p. 144 mit Recht wie es scheint, an dem Ehrenplatz der östlichen Metopenreihe Athene im Gigantenkampf erkannt hat.

[4] Beispielsweise Rhea vor Kronos, nach der Composition der capitolinischen Ara. Mus. Capit. IV 6. Millin gal. myth. III 16.

waren, und ein Stück der dritten Zehe des rechten Fusses; an der männlichen Figur einige Theile der rechten Hand und des Ohrs, das Schwert mit Ausnahme des Griffs und fast das ganze Hirschgeweih.

An der weiblichen Figur sind beide Füsse und Unterarme sowie das Gesicht sammt Hals und Nacken von Marmor. Bei der Einsetzung des Gesichts ist der Reliefgrund zu tief ausgehöhlt worden, so dass jetzt eine Art Kluft vorhanden ist; am Ansatz des linken Unterarms ist beim Verguss des Broncezapfens Blei senkrecht herabgeflossen. Auch hier springt der rechte Unterarm etwas über die obere Fläche des Reliefs heraus.

Aus Gips ergänzt ist an der weiblichen Figur das Haar, theilweis der Rand der Kopfbedeckung sowie Stücke des Gewands unter der rechten Schulter und dem rechten Arm; an der männlichen Figur der linke Fuss fast ganz und die Schamtheile; an dem obern Hund die Schnauze, beide Ohren, der Schwanz, das linke Hinterbein mit Ausnahme der Pfote und kleinere Stücke an den andern Beinen; an dem untern Hund ein Stück am Rücken und fast das ganze rechte Vorderbein.

Gebrochen ist mehrfach der Fussleisten, an der weiblichen Figur der Oberkopf, einmal der rechte und zweimal der linke Unterarm, an dem untern Hunde das rechte Hinterbein, an dem obern das Hintertheil und der Hals.

Eine sonderbare Verletzung des Reliefgrundes über dem Kopf der männlichen Figur hat ganz das Aussehen eines Φ. An Steinmetzzeichen, deren man sich in Form von Buchstaben häufig bei Versetzung von Architecturstücken bediente, ist um so weniger zu denken, da an den übrigen Metopen nichts Aehnliches erhalten ist.

Die Darstellung hat nichts gemein mit der seit Kallimachos in Poesie und Kunst vorherrschenden Form der Aktaionsage[1], welche den Tod und die Verwandlung als Strafe für die Ueberraschung der Artemis im Bade hinstellt. Die ältere Ueberlieferung kennt selbstverständlich andere Motive. Nach Euripides[2] hatte Aktaion den Zorn der Göttin herausgefordert, indem er sich vermass sie als Jäger zu übertreffen, nach Diodor[3] da er durch ein Weihgeschenk von Jagdbeute ihre Liebe zu gewinnen suchte. Akusilaos[4] führte den Tod auf die Ungnade des Zeus zurück, weil er um Semele geworben hatte. In Uebereinstimmung damit dichtete Stesichoros[5] aus Himera, Artemis habe, um die Vermählung mit Semele (vermuthlich im Auftrage des Zeus zu verhindern, den Tod des Aktaion dadurch herbeigeführt, dass sie eine Hirschhaut über ihn warf, welche seine Hunde täuschte. Diese letztere von der bildenden Kunst[6] sonst nicht berücksichtigte Version des Mythos liegt offenbar, wie schon Serradifalco erkannte, der Composition zu Grunde. Von dem verhängnissvollen Hirschfell bedeckt, kämpft Aktaion mit dem Schwert gegen drei Hunde die ihn wüthend anfallen. Sein Kopf ist gebeugt, der Blick nach unten gerichtet, so dass er die Göttin nicht bemerkt, welche in ruhiger gegen die Action des Kampfes bedeutungsvoll abstechender Haltung gegenwärtig ist und mit beiden Händen die Thiere zu hetzen scheint.

---

[1] Vergl. die Ausleger zu Kallimachus lav. Pall. 110, Apollodor III 4, 4.

[2] Eurip. Bacch. 335 folg. ὀρᾷς τὸν Ἀκταίωνος ἄθλιον μόρον, ὃν — σκύλακας — ἐσπάσαντο, κρείσσον' ἐν κυνηγίαις Ἀρτέμιδος εἶναι κομπάσαντ', ἐν ὀργάσιν.

[3] Diodor IV 81, 4 τὴν δ' αἰτίαν ἀποδιδόασι τῆς ἀτυχίας οἱ μὲν ὅτι κατὰ τὸ τῆς Ἀρτέμιδος ἱερὸν διὰ τῶν ἀνατιθεμένων ἀκροθυρίων ἐκ τῶν κυνηγίων προηρεῖτο τὸν γάμον κατεργάσασθαι τῆς Ἀρτέμιδος, οἱ δ' ὅτι τῆς Ἀρτέμιδος αὐτὸν πρωτεύειν ταῖς κυνηγίαις ἀπεφήνατο.

[4] Apollodor III 4, 4 (Müller fragm. hist. I

p. 102, 22) Ἀκταίων τοῦτον ἐτελεύτησε τὸν τρόπον, ὡς Ἀκουσίλαος λέγει, μηνίσαντος τοῦ Διός, ὅτι ἐμνηστεύσατο Σεμέλην.

[5] Paus. IX 2, 3 Bergk lyr. Gr. III³ p. 932 no. 68; Στησίχορος δὲ ὁ Ἱμεραῖος ἔγραψεν ἐλάφου περιβαλεῖν δέρμα Ἀκταίωνι τὴν θεόν, παρασκευάζουσάν οἱ τὸν ἐκ τῶν κυνῶν θάνατον, ἵνα δὴ μὴ γυναῖκα Σεμέλην λάβοι.

[6] Ueber erhaltene Darstellungen des Aktaion Panofka cabinet Pourtalès p. 53 folg., Lenormant et de Witte élite céram. II p. 324 folg., Rathgeber Gottheiten der Aïoler p. 357 folg.

Artemis ist mit Sandalen die ohne Zweifel durch gemaltes Riemenwerk vervollständigt waren, mit einem dünngerippten Chiton von dem nur die Aermel sichtbar sind, und mit einem Obergewand bekleidet, welches bis zu den Füssen und in einem Ueberschlag bis zu den Hüften herabfällt[1].) Ihr leicht gewelltes Haar, das im Nacken durch ein Band vereinigt und zu einem Zopf aufgebunden ist, wird zum grössten Theil durch eine enganliegende Mütze verdeckt, die von einer aufrecht stehenden über der Stirn etwas schmäleren Krämpe umsäumt ist. Vermuthlich hat O. Müller mit Recht die von Hirten, Landleuten und Jägern getragene κυνῆ[2]) darin erkannt. Hinter ihrer rechten Schulter sieht ein verschlossener Köcher vor. Den zugehörigen Bogen hielt sie wahrscheinlich in der linken Hand. Wie die erhaltenen Theile zeigen, umschloss dieselbe ein aus zwei Stücken gearbeitetes Attribut, von denen das eine oben, das andere unten in die Höhlung eingefügt war. Ein Rest dieses Attributs ist noch am rechten Schenkel vorhanden.

Aktaion ist jugendlich und ohne Bekleidung dargestellt; er trägt nur Schuhe, die durch Farbe verdeutlicht sein mussten, da sie gegenwärtig allein an dem Fehlen von Fusszehen und durch die plastische Andeutung der Sohlen erkennbar sind. Sein Haar geht wohlgeordnet vom Scheitel nieder und ist unten um einen Reif geschlungen, so dass es wie ein Kranz den Kopf umgibt. In seiner rechten Hand ist der Schwertgriff deutlich zu sehen; in diesem steckt noch der Broncestift, mittelst dessen die Klinge besonders angefügt war. Schwertgurt und Scheide fehlen oder sind wenigstens nicht plastisch ausgeführt. Das Hirschfell ruht nicht eigentlich auf seinen Achseln. Der mit einem langen Geweih versehene Kopf desselben kommt etwas höher, hinter seiner rechten Hand, zum Vorschein; er ist sehr realistisch, wie der Kopf eines lebendigen Thiers, behandelt; zwischen den halb geöffneten Kiefern sieht die Zunge vor. Die Vorderfüsse des Fells fallen über die Achseln des Aktaion nieder, während ein Hinterfuss zwischen seinen Beinen sichtbar wird. Sehr glücklich ist in der Action der Hunde eine Steigerung des Angriffs ausgedrückt; während der untere bellend den Kopf in die Höhe richtet und der mittlere ihm in die Seite fährt, ist der dritte wuthend emporgesprungen und wird von ihm, mit der Hand fest an der Kehle gepackt, in der Schwebe gehalten, so dass er mit den übereinandergelegten Vorderfüssen sich kaum an seinem Arm erhalten kann.

Tafel X.

Diese Metope hat eine geringere Dicke als die übrigen; sie ist hinten abgesägt worden, um aus dem Trümmerhaufen des Posticum, in dessen Tiefe sie von Angell und Harris entdeckt worden war, bequemer hervorgeschafft werden zu können. Auf ihrer linken verticalen Seitenfläche befinden sich drei viereckige moderne Löcher, welche bei dieser Gelegenheit angebracht worden zu sein scheinen.

Es fehlt der obere Balken (bis auf ein Fragment das in Serradifalco's Publication angegeben ist), einzelne Stücke des mehrfach gebrochenen Fussleistens und des Reliefgrundes; an der Gewandfigur das Gesicht, ein grosser Theil der Haare und des Helms, das Gorgoneion und die

---

[1]) Aehnlich ist die Tracht unter Anderm an der Artemis aus Pompei (Müller-Wieseler Denkm. a. Kunst I 10, 38) und an Athene auf Tafel X.
[2]) Wieseler das Satyrdrama p. 146. Eine ähnliche Kappe scheint Artemis (?) auf einem archaischen Terracotta-relief (Müller-Wieseler Denkm. a. K. I 14, 53, R. Schöne griechische Reliefs p. 62 no. 79) und Athene auf einer Metope von Olympia zu tragen Müller-Wieseler a. a. O. I 30, 129). Vergl. E. Hübner memorie d. inst. II p. 36 folg.

Schlangen auf der Brust, beide Unterarme, das Faltenende des linken Aermels, an der männlichen Figur beide Unterarme, die Schamtheile, die vorstehenden Theile des bis zur Unkenntlichkeit verstossenen Gesichts, des Bartes und Helms. Gebrochen sind beide Füsse, deren vorderer Theil aus Gips ergänzt ist. Gleichfalls ergänzt sind an der weiblichen Figur kleine Theile im Gewand, ein grösseres Stück am rechten Knie, die erste, vierte und fünfte Zehe des rechten und die erste Zehe des linken Fusses.

Aus Marmor sind an der Gewandfigur beide Füsse, und zwar der linke aus einem Stück, so dass der vordere Theil des auf ihm befindlichen Fusses von Tuf besonders angesetzt sein musste. Von der Anfügung anderer Marmorstücke sind Bleireste im Hals, am linken Unterarm und rechten Oberarm erhalten. In diesen letztern ist von oben ein senkrechtes Loch für den Verguss gebohrt. In der auf der Brust eingearbeiteten Vertiefung haben sich keine Spuren der Befestigung erhalten, so dass es unsicher bleibt, ob das Gorgoneion aus Bronce oder Marmor hergestellt war[1]. Auch der Helmbusch dieser Figur war besonders gearbeitet, wie ein verticales Loch auf der Höhe des Helms und Bleireste hinter der rechten Schulter beweisen. An der linken Hüfte der männlichen Figur ist gleichfalls ein künstliches antikes Bohrloch bemerkbar, von den vielfachen andern Verletzungen des Reliefs wohlunterschieden; hier könnte das Wehrgehänge gesessen haben.

Trotz aller Beschädigungen ist der Gegenstand mit Sicherheit zu erkennen. Athene hat den Giganten Enkelados, der im Kampf auf ihren Fuss getreten ist, zurückgeschmettert, so dass er entkräftet und ohne den Versuch einer Abwehr zusammensinkt; während sie ihn mit der Linken im Nacken fest gepackt hält, sticht sie ihn mit der Lanze in der erhobenen Rechten nieder.

Die Göttin ist mit einem langen feingerippten Chiton bekleidet, der bis auf die Aermel und einen schmalen Saum zwischen beiden Füssen verdeckt wird durch ein in breiteren Falten herabfallendes Obergewand, das mit einem Ueberschlag auf Brust und Rücken versehen ist. Das letztere ist längs der rechten Seite nicht zusammengenäht; die hier sichtbaren verticalen Sahlkanten sind, im Unterschied von den glatt behandelten horizontalen Schnittsäumen, krauseuartig gefältelt, eine Eigenthümlichkeit welche an vielen Figuren des Parthenon und zahlreichen Werken der attischen Plastik des fünften und vierten Jahrhunderts beobachtet worden ist[2]. Brust und Rücken ist ausserdem mit einer von ornamental behandelten Schlangen rings umsäumten Aigis bedeckt. Das Haar ging unter dem Helm auf den Nacken nieder. Nur unter dem linken Fuss ist eine Sohle plastisch ausgeführt. Hinter dem linken Arm ist der Schild durch eine mit dem Zirkel umschriebene Aushöhlung des Reliefgrundes angedeutet; er war ohne Zweifel durch Bemalung kenntlicher gemacht.

Der Gigant trägt einen hohen Visirhelm, Beinschienen und eine Chlamys die wahrscheinlich auf der Brust mit einer Spange zusammengehalten war. Der Bart reicht tief bis auf die Brust herab; unter dem Helm ging das Haar auf den Nacken nieder. Gesicht und Helm ist in der vielfach verfehlten Publication Serradifalco's durchaus willkürlich ergänzt worden.

Die fünfte Metope[3], auf deren Wiedergabe verzichtet worden ist, stammt gleichfalls aus dem Posticum des Tempels. Sie ist so stark verwittert, dass man nicht mehr als die ohngefähren Umrisse von zwei Figuren wahrnimmt. Serradifalco wollte links eine unbärtige Gestalt mit langem Haar, einem über die Achseln geworfenen Gewand und einer Lyra im rechten Arm, erkennen, und

---

[1] In ähnlicher Weise ist das Gorgoneion z. B. an der alterthümlichen Statue einer sitzenden Athene, welche sich auf der Akropolis von Athen befindet, eingesetzt, vergl. Otto Jahn de antiquissimis Minervae simulacris p. 3.

[2] Michaelis Parthenon p. 227. Bötticher königliche Museen 2. Aufl. 1872 p. 242.

[3] Serradifalco a. a. O. II 30, Hittorff recueil pl. 18 F. 1. Serradifalco p. 106, 116 hatte auch an Apollon und Boline gedacht, nach Paus. VII 23, 4.

uahm an, dass sie ein vor ihr fliehendes Mädchen verfolge. In dieser Auffassung ist aber — den Geschlechtsunterschied der Figuren ausgenommen — mehr als ein Punkt zweifelhaft, und die hierauf gegründete Deutung Serradifalco's auf Apollon und Daphne auch desswegen unzulässig, weil dieser Mythos der voralexandrinischen Kunst und Literatur fremd ist [1].

Von den andern Metopen des Posticum sind nur dürftige Fragmente aufgefunden worden, welche keinen Schluss auf den Gegenstand der Darstellung zulassen. Nur von einem kleinen Bruchstück, der Schnauze eines Schweins [2], liesse sich vermuthen, dass es von einem Abenteuer des Herakles mit dem erymanthischen Eber, oder wenn eine isolirte Darstellung dieses letzteren nicht wahrscheinlich ist, etwa von einer Scene der kalydonischen Jagd herrühre, in welcher auch eine weibliche Figur die nicht gefehlt haben kann, vielleicht Atalante, leichter anzubringen wäre [3].

Tafel XI.

Nr. 1 ein schön gearbeiteter bis auf geringe Verletzungen wohlerhaltener Kopf aus Marmor, der im Jahr 1865 von Cavallari im Pronaos des Tempels E gefunden worden ist [4].

Nr. 2, 3, 5 drei weibliche Köpfe aus Marmor, von den Metopen des Posticum. Nr. 3 und 5 sind 1831, no. 2 1865 gefunden [5]. Der letztere war am Hinterkopf durch einen horizontalen, am Hals durch einen verticalen Broncestift eingefügt, und zeigt an der linken Seite des Halses ein Loch zur Befestigung eines Attributs, etwa einer Kette.

Nr. 4 ein 0m,28 hoher weiblicher Kopf aus Tuf, der im Jahr 1865 beim Ausräumen der Cella zum Vorschein kam [6]. Fast das ganze Gesicht, Kinn Lippen Nase Augen und Stirn sind verstossen. Die allein erhaltene linke Seite, Backe Hals und Ohr mit einem Theil des Haars, zeigt eine feine und sehr sorgsame Arbeit im archaischen Stil. Die Partien des linken Mundwinkels lassen erkennen, dass die Lippen nach der stereotypen Weise der alterthümlichen Gesichtsbildung lächelnd in die Höhe gezogen waren. Auf dem gewellten Haar, das mit einem breiten Zopf auf den Nacken niedergeht, ruht ein niedriger Polos der oben glatt behandelt ist. Wie ein im Hals befindliches 0m,06 im Durchmesser breites verticales Loch beweist, war der Kopf in eine Statue eingelassen. Dieser letztere Umstand, der Fundort, die Proportionen welche etwa um ein Drittel die natürliche Grösse übertreffen, und der alterthümliche Stil der im Vergleich mit den Metopen den Eindruck eines etwas höhern Alters gibt, machen es sehr wahrscheinlich, dass er von dem Cultusbilde der Hera im Adyton des Tempels herrühre.

Nr. 6 linkes Endstück des Fussleistens einer Metope aus dem Posticum mit zwei lose aufgesetzten Marmorfüssen, welche durch Broncestifte im Grund befestigt waren; 1831 gefunden.

[1] Ein von Welcker zu Otfried Müller's Handbuch § 361, 4 p. 551 auf Apollon und Daphne bezogenes Vasenbild in Arezzo steht inschriftlich gesichert; Pelops und Hippodameia dar, Kekulé annali d. inst. 1866 p. 83—94, mon. ined. d. inst. VIII 3. Ohne Gewähr ist auch von Stark Heidelb. Jahrb. 1871 no. 6 p. 88 ein von H. Heydemann griech. Vasengemälde I 3 veröffentlichtes Vasenbild, in welchem ein unbekleidetes Mädchen von einem Jüngling, der einen Lorbeerzweig in der Hand hält, verfolgt wird, in gleichem Sinn gedeutet worden. Cockerell temples of Jup. Panhell. and Apollo p. 52 hat in einer Metope des Apollotempels von Phigalia ohne hinreichenden Grund denselben Gegenstand vermuthet. — Die den Mythos behandelnden Schriftstellen sind gesammelt von Raoul-Rochette choix de peint. p. 61, W. Helbig bullett. d. inst. 1863 p. 131. Dilthey Apollon und Daphne, Jahrb. d. Vereins v. Altertumsfr. im Rheinl. 1871 p. 49 folg.

[2] Serradifalco a. a. O. II 35, 14; Hittorff recueil pl. 50 F. XI.

[3] Vergl. Kekulé de fabula Meleagrea p. 40.

[4] Bullett. d. commiss. no. IV p. 36.

[5] Bullett. d. commiss. no. IV p. 37.

[6] Bullett. d. commiss. no. IV p. 37. Schubring a. a. O. p. 435.

Leider war es mir nicht gestattet sämmtliche Sculpturfragmente des Tempels E zu untersuchen. Die auf Tafel XI mitgetheilten wichtigsten Stücke erlauben indessen, in Verbindung mit einigen andern von Serradifalco publicirten, die Anordnung des ganzen Frieses annähernd zu vergegenwärtigen.

Pronaos und Posticum enthielten, über je drei Intercolumnien vertheilt, sechs Metopen.

Vom Pronaos sind die Metopen der von links gerechnet zweiten (Tafel VII), vierten (Tafel VIII) und sechsten Stelle (Tafel IX) erhalten; in den übrigen drei sind folgende Bruchstücke weiblicher Figuren unterzubringen:

A) ein Kopf, nach rechts im Profil, Tafel XI 1.
B) Gesichtsmaske, nach rechts gewendet, Serradifalco II 35, 8, Hittorff recueil pl. 50 F. II.
C) rechter Fuss, nach rechts im Profil, Serradifalco II 35, 11, Hittorff recueil pl. 50 F. VIII.
D) rechter Fuss ohne Zehen, nach links im Profil, Cavallari bull. d. commiss. no. IV p. 36.
E) linker Fuss, welcher von Serradifalco II 35, 12 und Hittorff recueil pl. 50 F. VI en face publicirt ist, aber sicher nach links gewendet war, da die Länge der Füsse ungefähr 0″,20, die Ausladung des Fussleistens aber nur 0″,12 beträgt.

Aus dem Posticum stammen ausser den erhaltenen zwei Metopen deren Stelle im Fries nicht bekannt ist, folgende Bruchstücke:

aus Marmor: a) b) c) drei Köpfe mit Diadem en face, Tafel XI 2, 3, 5.
d) zwei nach rechts gewandte Füsse auf einem Fussleisten, Tafel XI 6.
aus Tuf: e) Fussleisten mit einem linken nach links gewandten Fusse[1], neben welchem links ein Ueberbleibsel des rechten vorhanden zu sein scheint, Serradifalco II 35, 9, Hittorff recueil pl. 50 F. X.
f) die Schnauze eines Schweins oder Ebers.
g) Gesichtsmaske nach links gewandt, Serradifalco II 35, 7, Hittorff recueil pl. 50 F. VI.
h) eine schöne verstümmelte Hand die ein Stück Gewand anfasst.
i) zwei Gewandstücke, 0″,25 und 0″,17 hoch.
k) ein linker 0″,35 langer Arm dessen Hand abgebrochen ist, mit Gewand über dem obern Theil.
l) ein linker 0″,28 hoher Unterschenkel.
m) ein 0″,14 langer Unterschenkel eines Hundes[2].

Eine genaue Combination dieses Bestandes ergibt mit Wahrscheinlichkeit die folgenden Schlüsse:

1. jede Metope enthielt nur zwei Figuren, und zwar regelmässig eine männliche und eine weibliche; dies lehren die erhaltenen fünf Metopen und die ausserdem vorhandenen fünf weiblichen Köpfe A B a b c.

2. Die Metopen des Pronaos waren in streng durchgeführter Symmetrie, und zwar vermuthlich paarweis, componirt. Wie oben (zu Tafel VIII) ausgeführt, entspricht wahrscheinlich die von links gerechnet dritte Metope der vierten von der Gegenseite in der Weise, dass ihre weibliche Figur nach links gewendet war und rechter Hand zu stehen kam. Denkbar wäre dann, dass die weiblichen Figuren der drei ersten Metopen sämmtlich rechts, der drei letzten Metopen sämmtlich

---

[1] Man würde ihn für marmorn halten da er eine Sohle hat, wenn Serradifalco p. 69 nicht ausdrücklich Tuf angabe.

[2] N, h — m sind von Cavallari 1865 gefunden, und aufgeführt nach Notizen, die ich im Museum von Palermo nehmen konnte.

links standen[1]. Bei dieser Anordnung würde sich aber nur einer der beiden weiblichen Köpfe A und B, welche nach rechts gewandt waren, anbringen lassen. Dieselben nöthigen vielmehr zu der Annahme, für welche auch das Schema der zweiten und sechsten Metope spricht, dass die beiden ersten und letzten Metopen wie die mittleren paarweis componirt waren:

I	II	III	IV	V	VI
B	Tafel VII		Tafel VIII		Tafel IX
C (?		D E (?		A	
weibliche männliche Figur	Herakles Amazone	männliche weibliche Figur	Hera Zeus	weibliche männliche Figur	Artemis Aktaion

\ \ / / \ | | / / | \

3. Der Fries des Posticum wird hinsichtlich des Schemas sowohl der einzelnen Metopen als ihrer Gesammtanordnung demjenigen des Pronaos entsprochen haben; denn es ist schwerlich Zufall dass die Metope mit Apollon und Daphne genau der zweiten des Pronaos nachgebildet ist, dass das Schema der Metope mit Athene und dem Giganten demjenigen gleichkommt, welches für die fünfte Stelle des Pronaos vorausgesetzt werden muss, und dass die beiden weiblichen Füsse d durchaus gleich und an der nämlichen Stelle der Composition sich in der sechsten Metope des Pronaos wiederfinden (nur die Stellung der drei weiblichen Köpfe a b c scheint abweichend gewesen zu sein). Es liegt also ein analoges Verhältniss wie zwischen den beiden unter einander übereinstimmenden Giebelfeldern des Athenetempels zu Aegina vor.

Bei einer so streng durchdachten Verbindung aller Friestheile macht sich die Erwartung einer zu Grund liegenden einheitlichen Idee, die sich verständlich mit der Bestimmung des Tempels verknüpfen liesse, mit verdoppeltem Anrecht geltend; und ohne Zweifel ist die formelle Gleichmässigkeit, welche in der paarweisen Vereinigung männlicher und weiblicher Figuren gegeben ist, nicht bedeutungslos. Otfried Müller[2], welcher an der Deutung auf Apollon und Daphne keinen Anstoss genommen hatte, glaubte bei zwei Metopen bestimmt, bei den übrigen vermuthungsweise das Motiv der Zusammenstellung in einem Liebesverhältniss zu erkennen, da »auch zwischen Athena und Pallas, Aktäon und Artemis, Herakles und Hippolyte Spuren eines erotischen Verhältnisses« zu finden seien, und gründete auf »diese Darstellungen eines mannigfachen Conflicts von Liebe und Hass« die Vermuthung, dass sie »einem Heiligthum der beiden vereinten Gottheiten Ares und Aphrodite« angehört haben möchten. Obgleich diese letztere hinfällig geworden ist, seitdem der Tempel urkundlich als Heraion erwiesen ist, so würde doch derselbe Grundgedanke auch bei einem Heiligthum der Ehegöttin ansprechend erscheinen, wenn sich eine Bürgschaft dafür gewinnen liesse, dass er sich nicht blos mit einem poetischen Bedürfniss der modernen Auslegung sondern mit der wirklichen Absicht des antiken Künstlers decke. Noch unsicherer sind alle Versuche geblieben die disparaten Darstellungen des Tempels C in einen inneren Zusammenhang zu bringen. Man wird hier schlechterdings darauf verzichten müssen, aus dem erhaltenen kleinen Bruchstück den Sinn des Ganzen errathen zu wollen — wenn überhaupt ein solcher vorhanden war; denn wie gedankenreich sich auch die alterthümliche Kunst in Erfindung und Reihung der verschiedenartigsten Bilder zeigt, so scheint sie doch so weit wir urtheilen können, nur in seltenen Fällen danach gestrebt zu haben dieselben über schematisch räumliche Wechselbezüge hinaus in eine ideelle Verbindung zu

---

[1] In ähnlicher Symmetrie wie sie die Korenhalle des Erechtheion zeigt, wo die drei links stehenden Karyatiden das Standbein rechts, die drei rechts stehenden Karyatiden das Standbein links haben.

[2] O. Müller kleine deutsche Schriften II p. 479.

setzen. Wie in der Sprache die parataktische Ordnung der syntaktischen zeitlich voraufgeht, so gelangt die Kunst nur allmälich und spät zu einer Gliederung ihrer Fülle, in welcher durchherrschende Gedanken sich offenbaren.

VIII

Das grösste Interesse der selinuntischen Bildwerke beruht in ihrem Stil. Ich hoffe nicht mich dem Anschein einer Ueberschätzung ihrer Bedeutung auszusetzen, sondern glaube lediglich einer versäumten Pflicht nachzukommen, wenn ich im Folgenden die Abstufungen ihres Stils schärfer zu bestimmen und seine Eigenthümlichkeiten eingehender als bei minder wichtigen Werken schicklich wäre, zu erörtern versuche.

Die ältesten Stücke geben zunächst den Eindruck einer auf der Gränze des Erträglichen liegenden Unvollkommenheit, welche für den fremd Herantretenden die Möglichkeit ernsthafter Betrachtung ausschliesst und mit griechischer Kunst nichts gemein zu haben scheint. Indessen führt jede vergleichende Prüfung der gegenwärtig vorliegenden Fülle altgriechischer Monumente jenen Eindruck rasch auf eine Vereinigung von Eigenschaften zurück, welche an allen alterthümlichen Sculpturen sich wiederfinden und hier nur in ungewohnter Steigerung auftreten. Wohl sind alle Hauptglieder der Figuren in ihrem allgemeinen Charakter erkennbar geformt, und überall wo eine hervortretende Absonderung von Theilen die Auffassung erleichtert, wie am Knie welches die älteste Kunst überhaupt mit besonderer Vorliebe studirt, ist eine bestimmtere Nachbildung nicht unversucht geblieben. Aber die Beobachtung ist überall oberflächlich und über die kindliche Fähigkeit zu unterscheiden noch kaum erhoben. Schwieriger zu theilende Partien, wie Brust und Leib, stehen als unförmliche Massen da. Das Haar ist willkürlicher als anderwärts wie Ornament behandelt, oder wie bei dem Bart auf Tafel IV der einer um die Backen gelegten Binde gleicht, der Malerei ganz überlassen. Die nackten Formen stehen ohne Verbindung, äusserlich zusammengesetzt und gleichbetont, in vielfältigem Einerlei nebeneinander, so dass die Körper in unnatürlich strotzender Fülle und seltsam angestrengt erscheinen. Es fehlen alle mehr als blos attributiven Unterschiede des Geschlechts und Alters; namentlich ist die Gesichtsbildung widerlich gleichmässig: die Lippenspalte in gerader Linie breit gezogen, die Nase von ungestalter Grösse, die Augen in schiefer Stellung bis zur Reliefhöhe des Stirnknochens vortretend, der Augapfel nicht hinter den Lidern zurückliegend, sondern gleichsam hervorgequollen und mit diesen eine für Malerei bestimmte glatte Fläche bildend. So wenig als das Gesicht Typus, hat die Gestalt Proportion. Der Körperbau ist mit schwankender Unsicherheit bald schlanker bald gedrungener aufgefasst; einzelne Theile, so das rechte Bein der Medusa, sind nach jeweiligem Bedürfniss verlängert, während andere zu kurz kommen. Diese Inconsequenz aller Bildungen und die unentbehrliche Aushilfe der Malerei an den plastisch schwierigsten Partien bezeichnet sprechend die aufgewandte Mühe einer verständlichen Form überhaupt erst habhaft zu werden.

Wie sich in der Kunst der Thierleib immer früher entwickelt als die menschliche Gestalt, so zeigen die Pferde der Centralmetope auf Tafel III eine grössere Geschicklichkeit und in den Köpfen sogar ein gewisses Leben, ohne dass man an Verfertigung in späterer Zeit oder durch andere Hand denken dürfte. Dagegen tritt die Gorgonenmaske als ein ausgeprägter Typus eigenartig vor allem Uebrigen heraus. Hier sind die Umrisse des Gesichts, von Mund und Nase, mit Präcision geführt, die Backen modellirt, Ohren und Augen ausführlicher behandelt; die Lider und der Augapfel, an welchem auch die Verbindungslinie des innern Winkels angegeben ist, haben die natürliche Lage und eine richtigere Form; das ganze Relief ist bedeutend flacher als an den übrigen Köpfen. Diese Unterschiede lassen, in Verbindung mit der unverhältnissmässigen Grösse[1], des Gesichts, auf directe Uebertragung einer besondern Vorlage von anderer Hand, etwa eines Gorgoneion aus Terracotta, schliessen.

Auch in der Bewegung ist nicht mehr als eine elementare Deutlichkeit erreicht. Die in ruhiger Lage beobachtete Form ist ohne Veränderung auf die bewegte Stellung übertragen. Schreitende Beine sind steif wie Zirkeltheile auseinandergerückt, während die Füsse parallel hintereinander stehen und platt am Boden haften. Erhobene gesenkte ausgestreckte Arme gleichen sich völlig. Die Hände sind wie bei Kindern welche erst spät den Gebrauch einzelner Finger lernen, nur als Ganzes bewegt, und wo sie nichts packen oder halten durchweg, selbst an den gebundenen Armen der Kerkopen, zusammengeballt — eine Bequemlichkeit der Darstellung, welche sich die gern ökonomisirende alterthümliche Kunst, namentlich die Vasenmalerei, selten entgehen lässt —; an der allein geöffneten linken Hand des Herakles sind die Finger ohne Andeutung ihrer Gliederung zu einem geschlossenen Ganzen vereinigt. Der Faltenwurf ist ohne Rücksicht auf die Natur des Gewandes oder die zu verhüllende Form, in künstlicher Selbständigkeit und nicht einmal deutlich durchgeführt. Am unerfreulichsten wirkt aber die widernatürliche Verschiebung der halb ins Profil halb in Vorderansicht gestellten Figuren. Sie ist, wie die neugefundene Metope auf Tafel IV beweist, mit Unrecht abgeleitet worden aus einem naiven Unvermögen die menschliche Gestalt anders zwischen Oberfläche und Hintergrund des Reliefs unterzubringen[2]. Vielmehr sollte sie die Figur durch Erweiterung ihrer Silhouette in der Bewegung verständlicher, im Gesicht wirksamer machen und nach Art eines Rundwerks in lebendiger Totalität zur Geltung bringen. Sie ist nichts anders als ein primitiver Ausdruck derselben künstlerischen Empfindung, welche das griechische Relief der Blüthezeit vollendet zur Geltung bringt, wenn es von Profilfiguren mehr als die reine Hälfte und nahezu immer Schultern und Brust in diagonaler Verkürzung zeigt.

Bei so geringer Entwickelung aller Ausdrucksmittel überrascht es, dass dennoch Klarheit der dargestellten Situationen erreicht ist und dass die Massen fast ausnahmslos geschickt im gegebenen Raum vertheilt sind. Allerdings ist die Composition wesentlich bestimmt durch die umgebende Architectur; die Verticale herrscht vor wie in den Triglyphen; die ganze Metope gewinnt durch die starke Bildung ihrer Ränder ein structives Aussehen; die gewaltsame Symmetrie der Kerkopen, des in monotoner Ruhe erstarrten Viergespanns, scheint durch die Darstellung selbst nicht hervorgerufen. Aber dieser architectonische Charakter tritt nicht als lästig empfundener Zwang sondern als freiwillige unwillkürliche Erfüllung auf und sichert den an sich unerfreulichen Elementen in gewissem Grade eine einheitliche Wirkung. In der Gesammtanordnung des Frieses scheint sich sogar eine glückliche plastische Idee selbständig ausgesprochen zu haben. Während die Figuren in der Mitte desselben in Vorderansicht gestellt sind, schreiten sie auf der rechten Seite nach rechts, auf der linken, wie man annehmen darf, in entgegengesetzter Richtung. Während in der Mitte je vier Figuren die Breite einer Metope füllen, folgen dann je drei, am Ende zwei. Vermuthlich fand also von einem stark markirten Centrum aus, eine gleichmässige Entfaltung des Sculpturschmucks in Symmetrie und Ponderation nach beiden Seiten statt.

---

[1] In einigen Darstellungen desselben Gegenstandes ist das Gorgoneion unverhältnissmässig vergrössert um seine Bedeutung als Apotropaion stärker hervorzuheben, vergl. Otto Jahn archaeol. Zeit. 1863 p. 60, 8, Conze annali d. inst. 1866 p. 190, 1. Diese Thatsache genügt schwerlich um den hier vorliegenden Grössenunterschied zu erklären.

[2] Friederichs Bausteine p. 15.

Ein Rückschlag gegen jene strenge Annäherung an die Gesetze der Architectur spricht sich mit grosser Energie in den Metopen der zweiten Epoche aus. Es ist als ob die inzwischen an ihren eigenen Aufgaben erstarkte Plastik den Reiz des Widerspruchs gegen alle hemmenden Schranken empfände und diesen Widerspruch mit einem gewissen Ungestüm äusserte. Die Figuren füllen in entfesselt heftiger Bewegung den ganzen durch das Zurücktreten der horizontalen Begränzungen erweiterten Raum der Metope, greifen zum Theil sogar darüber hinaus und springen höher, beinahe wie Rundwerke, vom Grunde vor, so dass nur an wenigen Stellen die obere Fläche erhalten bleibt. Im Gegensatz zur Gliederung der Triglyphe ist das Relief auf zwei Figuren beschränkt; damit hat die Grösse und die plastische Wirkung der Figuren zugenommen; aber ihr natürliches Recht macht sich anspruchsvoll und nicht in befriedigender Weise geltend.

In allen Einzelheiten der Darstellung, in den vollen, überschüssig kräftigen Formen, den schlanken natürlicheren Verhältnissen, der ungezwungenen, gleichsam befreiten Regung der Gliedmassen offenbart sich ohne Zweifel ein grosser Fortschritt. Die Bekleidung, in übersichtliche Massen geordnet, und innerhalb der traditionellen Manier fleissiger ausgeführt, dient willig dem Ausdruck der Gestalt. Auf allen Punkten ist die Beobachtung aufmerksamer eingegangen und hat eine grössere Richtigkeit, eine breitere Fülle von Details, mitunter sogar nicht ohne feinere Unterscheidungen gewonnen. Das verschiedene Geschlecht der angreifenden Götter ist, wenn ich nicht irre, schon durch die eigenthümlich abweichende Art ihres Ausschreitens bezeichnet, in ähnlicher Weise wie in archaischen Vasenbildern Amazonen sich häufig durch die geringere Anspannung der Körperhaltung von bewaffneten Männern unterscheiden. Aber die gewonnene Kenntniss hat noch keine einheitliche Verwerthung gefunden. Die Darstellung ist nicht sowohl auf Harmonie, als auf unmittelbares Erfassen charakteristischer Züge gerichtet, sie sucht die Lebendigkeit im Transitorischen und wählt den Ausdruck im ausschliesslichen Interesse der Deutlichkeit; sie gibt durch Widersprüche und disparate Elemente einen Eindruck von schülerhaft Unfertigem, welcher durch die Ungleichmässigkeit der Ausführung noch erhöht wird. An dieser Ungleichmässigkeit können allerdings verschiedene Hände betheiligt sein; es ist möglich, dass die beiden Metopen von zwei Künstlern herrühren; in der einen (Tafel VI) sind die Bewegungen ruhiger, die Formen völliger, der Faltenwurf weniger schmiegsam; auch die Tracht des Giganten weicht ab. Indessen treten grosse Verschiedenheiten innerhalb eines und desselben Reliefs zu Tage: ein Vergleich des wohlgebildeten rechten Fusses der Göttin auf Tafel V mit ihrem linken, dessen Zehen, obwohl sie der Form des Schenkels sich anschmiegen sollen, starr wie Tasten nebeneinander liegen, zeigt es zur Genüge. Trotz aller relativen Ueberlegenheit im Einzelnen werden die Reliefs im Ganzen nur wenig vortheilhafter als die älteren gewirkt haben.

Dieses einklanglose Verhältniss macht die Figur des sterbenden Giganten auf Tafel V besonders deutlich. Ihre untern Theile sind vernachlässigt gegenüber dem Kopfe. An diesem ist das übliche Schema des Haares mit grossem Fleiss individualisirt, die plastisch zusammengehaltene Form des Bartes in concentrische Lagen kleiner Löckchen und unter dem Munde in zwei besondere runde Reihen zerlegt. Zwischen den weit geöffneten scharf geschnittenen Lippen treten die Zunge und die Zähne, einzeln in der Reihung sichtbar, hervor. Dies gibt, in Verbindung mit den Runzeln auf der Stirn, den erhobenen Nasenflügeln, den halbgeschlossenen Augen, deren obere Lider sehr stark gebildet sind, einen auffallend directen Eindruck, welchen die ganze Haltung des Körpers bedeutend verstärkt. Der Rumpf ist nach oben verschoben, so dass die seitliche Gewandöffnung in veränderter Lage die Scham entblösst; das Profil des Kopfes liegt in einer Fläche mit den Schultern, was nahezu einer Ausrenkung des Halses gleichkommen würde; die leichte Biegung des linken

Arms gewährt keinen Halt gegen das Zusammenbrechen. Diese derben, übertriebenen Züge mochten sich verständlicher ausnehmen, wenn der erhobene rechte Arm von der Göttin gepackt und mit ihm der ganze Körper gewissermassen geschüttelt war; sie sind aber mit einem gewissen Wohlgefallen an der Härte des Ausdrucks und in wohlbedachter Ausführlichkeit vorgetragen. Eine solche Darstellung der Agonie, welcher zum Grassen im Grunde nur die technischen Mittel fehlen, sticht stark ab gegen die sanfte Schönheit der sterbenden Aegineten.

Von einer ganz andern Seite zeigt sich die archaische Kunst in den Metopen des Heratempels. Sie bilden einen wohlthuenden Gegensatz gegen alles Vorangehende nicht blos durch die augenfälligere Herrschaft über Stoff und Form und den grössern Reichthum der Erfindung der sie auszeichnet, sondern durch einen milden Geist des Maasses und der Harmonie der in ihren Darstellungen waltet. Die Figuren sind in bescheidenerem strengerem Relief und durchaus innerhalb des gegebenen Rahmens zu voller Geltung gebracht; sie sind in ihren Beziehungen zu einander fein durchdacht und in der Ausführung auch der einzelnen Formen gleichmässig sorgsam gebildet, man darf sagen mit einem Schönheitssinn, welchen scheinbar nur die letzte Fähigkeit des Ausdrucks von der Vollendung scheidet.

Die erreichte Höhe der Kunst veranschaulicht vor anderen die Figur des Zeus. Mit ihrer ganzen imposanten Haltung, in welcher sich die Action des Anstemmens und Niederziehens vortrefflich ausspricht, ist eine kräftige Entwickelung der männlichen Körperformen gegeben, deren aufsteigenden Zusammenhang die schräge Erhöhung des Sitzes wirksam verdeutlicht. In freiem glücklichen Wurf ist das Gewand als eine dienende Hülle behandelt und durch absichtlich höheres Heraufziehen im Rücken in klarem Linienlauf entfaltet; es verleiht den untern Partien der Gestalt im Einklang mit den oberen breitere Geltung und ist durch die in der Lithographie leider nicht genügend wiedergegebene Schlichtheit der Felsenflächen geschickt hervorgehoben. In die edle Form des Gesichts sind nur wenige individuelle Züge aufgenommen, aber sie sind ausreichend um das Ganze zu beleben. So offenbart sich in allen Theilen der Figur eine künstlerische Auffassung, die man sogar in untergeordnete Aeusserlichkeiten zu verfolgen versucht sein kann. Mit gutem Bedacht ist der Bart kürzer gehalten, um den linken Contur des Halses noch ansprechen zu lassen und nicht ohne Absicht scheint unter dem erhobenen linken Fuss ein Stück vom Reliefgrund stehen geblieben zu sein; denn ohne Zusammenhang mit dem Boden würde das ganze Glied unlebendig und wie gelähmt erscheinen.

Ihren vollen Werth erhält die Figur erst durch die Gruppirung. Die Composition steht bei den übrigen Metopen nicht auf gleicher Stufe; sie füllt aber auch dort frei und geschmackvoll den gegebenen Raum und ist ein sinnreicher Ausdruck des zu vergegenwärtigenden Gegenstandes. Häufungen zusammentreffender Theile wie bei dem rechten Arm der Amazone oder dem Kopf des Aktaion, Wiederholungen wie in der Armbewegung der Artemis sind nach Kräften vermieden und fallen nicht sofort störend in die Augen. Das Lineament ist gewissenhaft erwogen und rhythmisch klar; es würde gewiss noch vortheilhafter wirken, wenn paarweis zusammengehörige Stücke erhalten wären. Die den gesammten Fries beherrschende Gegensätzlichkeit der Anordnung lässt sich in jeder einzelnen Composition erkennen: regelmässig ist je eine männliche und weibliche Figur zusammengestellt, und zwar als Träger contrastirender Affecte, von Leidenschaft und Kälte, von verfolgender und ermattender Kraft, von Kampf und Ruhe. Im Linienschema einiger Metopen durfte mit Rücksicht auf die Ergänzung durch das benachbarte Seitenstück die Diagonale vorwiegen; damit sie aber die Selbständigkeit des einzelnen Ganzen nicht störend aufhebe, waren ihr fühlbar mildernde Gegenwirkungen beigegeben, wie beispielsweise in der Heraklesmetope durch die rückläufige Bewegung des Kopfes der Löwenhaut, durch das starke Einspringen der Keule und durch den auf den Schenkel der Amazone herabfallenden Schweif des Thierfells, welcher den in langer monotoner Linie gedehnten Contur der Amazone durchschneidend theilte. In Anbetracht so feiner Erwägungen darf man vielleicht den eigenthümlichen Umstand, dass die Obertheile fast aller Figuren im Gegensatz zu den untern Partien längere Verhältnisse zeigen, auf eine perspectivische Berechnung der Sculptur für ihren Aufstellungsort zurückführen, da die Reliefs in der Höhe des Pronaos und Posticum nur schräg von unten sichtbar waren. Wenigstens würde eine solche Berechnung an sich der Kunststufe dieser Sculpturen nicht widerstreiten, trotz ihres alterthümlichen Charakters der in aller Veredelung unbestreitbar bleibt.

Denn allerdings fehlt es im Einzelnen keineswegs an Unvollkommenheiten aller Art, welche in den Abbildungen sogar schärfer als an den Originalen hervortreten. Wie alles zarte mannigfaltiger bewegte Leben naturgemäss der alterthümlichen Plastik später gelingt als das Gefüge einfacher fester, weniger unterbrochener Theile, so steht in den meisten Reliefs das Gewand hinter dem Nackten, die weibliche Form hinter der männlichen, der Ausdruck des Gesichts hinter dem Körper verhältnissmässig zurück. Für das Haar stand eine doppelte Manier zu Gebot, und zwar für kurzes eine schneckenförmig geringelte, für langes eine furchenartig gravierte, welche der Broncetechnik natürlich und aus dieser in die Plastik eingeführt ist, hier übrigens grösstentheils schon in schöner Zeichnung ausgeführt erscheint. Nach deutlichen Spuren waren die Schaamhaare noch ganz in archaischer Weise künstlich zugeschnitten und verliefen glatt und spitz nach beiden Seiten. Auch das durch die Ungunst des Materials veranlasste Verfahren die unverhüllten Theile weiblicher Figuren in Marmor besonders anzustücken, kann für nicht mehr als einen geschickten Nothbehelf gelten; es musste einen Farbencontrast erzeugen, welcher durch die Polychromie der übrigen Theile wohl gemildert aber schwerlich auf ein der Natur entsprechendes Verhältniss zurückgeführt werden konnte. Ueberdies ist die in den Marmortheilen erstrebte Verfeinerung nicht überall gelungen. Arme und Füsse sind unleugbar von einer schönen klaren Bestimmtheit der Form, ähnlich wie bei den Aegineten an welche auch die gleichlange Bildung der zweiten und dritten Zehe erinnert, nur der weiblichen Natur entsprechend weicher und geschwellter. Um so unentschiedener ist dafür der Ausdruck der Gesichtszüge; sie bleiben sich trotz der verschiedenen Situation in Form wie Stimmung wesentlich gleich und enthalten nicht mehr als keimende Anfänge typischer Bildung. Nicht mehr als den Werth äusserlich nachgetragener Merkmale haben die Stirnrunzeln im Gesicht der Amazone, und der beabsichtigte schmerzliche Ausdruck ihres geöffneten Mundes ist in unbezeichnende Starrheit übergegangen.

Dagegen treten Unterschiede anderer Art in den weiblichen Köpfen bestimmt hervor. An denjenigen welche dem Pronaos des Tempels angehören (Tafel VII VIII IX XI, 1) ist nur das Gesicht, an denen des Posticum Tafel XI, 2, 3, 5 ausserdem auch das Diadem und das Haar von Marmor; während die ersteren fast durchaus im Profil stehen, scheinen die letzteren vollständig oder nahezu in Vorderansicht verwandt gewesen zu sein; an jenen ist das Grübchen am Kinn und die Hautfalte zwischen Nasenflügel und Mundwinkel gleichmässig angedeutet, Eigenthümlichkeiten welche diesen fehlen. Die letzteren sind überhaupt, wie namentlich eine Betrachtung des gelungensten Kopfes aus dem Pronaos lehrt Tafel XI, 1, flüchtiger, unregelmässiger und mit einem geringeren Antheil an Empfindung ausgearbeitet. Aehnlich ist das Verhältniss, in welchem die für stilistische Vergleichungen allein brauchbare Metope des Posticum auf Tafel X zu den drei übrigen des Pronaos steht. Ohne Frage ist ihre Composition schwächer, auch zeigt sie ein anderes Princip in der Behandlung des Gewandes zumal im Vergleich mit demjenigen des Zeus. Sowohl die dünnen Falten

9 *

des untern als die breiteren des oberen Chiton sind scharf geschnitten, die letzteren überdies in künstliche Gruppen zurechtgelegt, und unkörperlicher, gewissermassen nur durch Flächengravirung modellirt. Alle diese, jedem geübten Auge, wie ich meine, klar vorliegenden Unterschiede lassen sich schwerlich anders als aus abweichendem Talent erklären, und leiten von selbst auf die Vermuthung, dass man die ehrenvollere Arbeit, welche den Eingang des Tempels zu schmücken bestimmt war, einem tüchtigeren Künstler anvertraut und einen minder geförderten auf der Rückseite beschäftigt habe. Die grosse Uebereinstimmung, welche sowohl im Compositionsschema der einzelnen Metopen als in Hinsicht auf ihre gegenseitige Anordnung zwischen den Friesen der östlichen und westlichen Façade obwaltet, kann jener Annahme nicht hinderlich im Wege stehen. Denn wie am Tempel der Athene auf Aegina die beiden Giebelfelder, welche gleichfalls von zwei in technischer Fertigkeit ungleichen Meistern herrühren — dem geschickteren war gleichfalls das östliche überlassen — sich dennoch in Zahl, Stellung und wechselseitiger Beziehung vollkommen entsprachen, so wird man auch hier ohne Schwierigkeit eine Unterordnung der getheilten Arbeit unter einen vereinbarten einheitlichen Plan voraussetzen dürfen. Die Möglichkeit eines solchen Verhältnisses liegt ohnehin im Wesen der alterthümlichen Kunst tief begründet. Den Stolz des Künstlers, im Wetteifer mit der freigebigen Schöpferkraft der Natur ihm allein angehörige Ideen in immer neuen Gestaltungen auszuprägen, kennt sie nicht; vollauf beschäftigt im mühsamen Erwerb der Naturformen, mit innerlichster Concentration auf sachliche Klarheit des Ausdrucks und allseitige Gesetzmässigkeit des Geschaffenen gerichtet, versagt ihr die Flugkraft der Production, welcher allein die befreite Phantasie theilhaftig ist. Wie sie im handwerklichen Reliefschmuck von Geräthen es nicht verschmäht das einmal erfundene Bild, so oft es nöthig scheint, mechanisch zu wiederholen, so hält sie auch bei ihren monumentalen Aufgaben mit einer Selbstachtung, welche nur durch die Grösse der aufgebotenen Anstrengung begreiflich wird, an einer einmal hingestellten Ordnung fest, und es ist verschiedenen Künstlern um so eher möglich sich in dieselbe willig zu fügen, da sie ohne die Eigenschaften und den Anspruch einer individuellen Leistung sich auf einer allen erreichbaren Durchschnittshöhe hält.

Während in einer noch nicht weit zurückliegenden Zeit Vorstellungen von dem Beginn der griechischen Kunst wesentlich aus späten künstlichen Nachahmungen geschöpft werden mussten, gebieten wir gegenwärtig über eine verhältnissmässig grosse Zahl achter Erzeugnisse ihrer Kindheit und Jugend, welche sich zur Veranschaulichung eines ununterbrochen stetigen Wachsthums ungefähr in eine lückenlos aufsteigende Reihe ordnen liessen. Man würde freilich bei manchem Stück von unzureichender Erhaltung oder zu geringer Ausdehnung über den Ort der Einreihung schwanken, bei umfänglicheren Werken welche eine technisch ungleiche Ausbildung der verschiedenen Formenarten enthalten, in Versuchung gerathen eines an mehrere Stellen zu zertheilen, und auf jeder höhern Stufe die Schwierigkeit sich vergrössern sehen, nach eigenthümlichen Zielen Auseinandergehendes auf blosse Gradunterschiede zurückführen zu sollen. Da es sich aber nicht um Abschätzung von Schönheit, sondern eines noch in elementarem Lernen begriffenen formalen Kunstvermögens handelte, so würde sich unter Urtheilsfähigen wenigstens im Grossen und Ganzen Uebereinstimmung über die zu treffende Rangordnung erzielen lassen. Dass ein solches Unternehmen, zu welchem jede kunstgeschichtliche Untersuchung, wenn man will, schon jetzt beiträgt, in gewissem Sinn förderlich wäre, ist nicht zu leugnen; es müsste die Methode der Beobachtung schärfen, und durch Richtung derselben auf das Kleine und Kleinste, wie mikroskopische Beobachtung, im Altbekannten zu immer neuen Wahrnehmungen, im scheinbar Gleichartigen zu Entdeckung immer grösserer Mannigfaltigkeit führen. Allein nicht immer scheint man den wahren Werth dahin zielender Bestrebungen richtig zu schätzen. Sie werden sofort zu einer Quelle folgenreicher Täuschung, wenn man den Begriff des stilistischen Früher oder Später mit Anschauung eines historischen Früher oder Später, die erdachte Entwicklung mit wirklicher zeitlicher Abfolge für gleichwerthig hält. Die kürzlich gegebene[1] kaum anfechtbare Bestimmung der Reliefs des lykischen Harpyiendenkmals, als in der Mitte stehend zwischen den »nach dem paläographischen Charakter ihrer Inschriften um die 60. Olympiade« gearbeiteten milesischen Statuen und andererseits den Aegineten und attischen Reliefs welche »in die Zeit kurz vor und kurz nach der 75. Olympiade« gehören, wird, abgesehen von dem nur bedingten Verlass auf diese Zeitgrenzen selbst, wie ich glaube ein Fehlschluss, wenn sie an sich, »mit fast mathematischer Sicherheit« eine Entstehung »in der Zeit zwischen der 65. und 70. Olympiade« beweisen soll. Denn das stilistische Verhältniss könnte nur dann sich mit dem chronologischen decken, wenn es für die Gradmessung des technischen Geschicks in jedem einzelnen Falle gelänge die Wirkung aller andern die Kunstentwickelung bestimmenden Elemente auszuscheiden, oder wenn das Unmögliche vorläge, dass alle Werke, von gleichbegabten Künstlern einer Schule an dem nämlichen Ort gearbeitet, dieselben Gegenstände in gleichem Material und überhaupt unter vollkommen sich wiederholenden Bedingungen darstellten.

Betrachtungen dieser Art, welche eine zu geläufige Wahrheit enthalten um eine weitere Ausführung zu erlauben, werden erklären, warum ich, in Ermangelung directer Zeugnisse, nur eine annähernde Zeitbestimmung der Metopen von Selinunt für erspriesslich halte. Dass die ältesten der Gründungszeit der Stadt angehören, wird nicht wohl bezweifelt werden können; angesichts ihrer Alterthümlichkeit würde man sogar das von Diodor überlieferte Jahr 651 lieber sehen als das durch moderne Combination anderweitiger Angaben gefundene ungefähre Datum 628. Für die Metopen des Heratempels bietet die Zerstörung der Stadt 409 eine jüngste Gränze, richtiger schon 415 die gegen Syrakus und Selinunt gerichtete sicilische Expedition der Athener, da die Errichtung und Vollendung eines so grossen Prachttempels in jenen Kriegsjahren unwahrscheinlich wäre; andererseits ist bei dem bahnbrechend raschen Aufschwung der attischen Plastik um die Mitte des fünften Jahrhunderts vorauszusetzen, dass die Kunstschulen anderer Orte hinter ihr zurückblieben und geraume Zeit bedurften um die voreilende einzuholen. Es scheint mir durchaus glaublich, dass die Metopen des Heratempels, welche stilistisch vor den Parthenonfries fallen, zeitlich nach demselben entstanden sind; ja ich meine sogar nicht nur bestimmte einzelne Anklänge, sondern eine allgemeine Annäherung an attische Weise in ihnen wahrzunehmen. Um von Aeusserlichkeiten abzusehen, wie die gefältelten Gewandsäume auf Tafel X, welche bisher meist an attischen Werken der besten Zeit, unter Andern am Parthenonfriese, bemerkt worden sind, so vermag ich die erstaunliche Verfeinerung der gesammten künstlerischen Empfindungsweise, welche sie im Gegensatz zu allem Früheren offenbaren, ohne Einfluss attischer Bildung nicht hinreichend zu erklären. Ich möchte daher die Gründung des Parthenon als früheste Zeitgränze für zulässig erachten, und ihre Entstehung etwa in die Jahre zwischen 450 und 445 verlegen. Weit unbestimmter muss das Urtheil hinsichtlich der mittleren Metopen ausfallen. Ihr Stil welcher früher häufig mit den Aegineten, unzutreffend genug, verglichen, neuerdings mit dem Parthenon gleichzeitig angesetzt worden ist[2], entbehrt im Grunde jeder nähern Analogie und steht in Widerspruch mit der alterthümlichen Architectur des Tempels. Die unbequeme Nöthigung ihn nicht in demselben Jahrhundert entstanden zu denken welchem die Metopen des Heraion angehören, würde allerdings durch Hittorff's Annahme

---

[1] Brunn Sitzungsberichte der bayer. Akademie 1870 II 2 p. 220.

[2] Michaelis Parthenon p. 144. Vergl. Otfried Müller Handbuch § 96, 2.

einer Restauration des Tempels in späterer Zeit¹ wegfallen. Allein ich bekenne, dass mir diese Annahme eines strengeren Beweises bedürftig erscheint; ihre Richtigkeit zugegeben, bleibt ohne die Möglichkeit genauer Vergleiche altdorischer Sculpturen immerhin ein grosser Spielraum. Der Charakter des Laxen, den sie durchaus bewahren, deutet wie überall so gewiss auch hier auf eine frühere Zeit als man gewöhnlich eingesteht.

Der Stil der ältesten Metopen ist von griechischem Ideal durch eine so weite Kluft getrennt, dass man sich ehedem nicht entschliessen mochte ihn überhaupt noch für griechisch gelten zu lassen. Für seine naive Rohheit pflegte man Aegypten den Orient und Etrurien, abwechselnd oder wie von Julius Braun², geschehen ist insgesammt, verantwortlich zu machen. So ziellos in das Weite schweifende Vermuthungen, welche als Rückschlag gegen die enge Theorie einer klösterlich einsamen Jugend des griechischen Volks eine gewisse Berechtigung hatten, ernsthaft zu widerlegen wäre heute ein gegenstandsloses Verdienst. Es ist unbestreitbar und wird nicht mehr bestritten, dass die altgriechische Kunst in Technik Formensprache und sogar im Stoff, ähnlich wie die christliche aus dem Alterthum, eine Erbschaft aus dem Orient übernommen hat, welche sie befähigte mit unzersplitterter Arbeit sich den eigenen Besitz zu gründen. Diese Aneignung verleugnet sich auch in den ältesten Metopen von Selinunt nicht. Charakteristisch dafür ist ihre entschiedene sogar auf Tracht sich erstreckende Verwandtschaft³ mit hochalterthümlichen Sculpturen, welche von einem für Kunstüberlieferung wichtigen Kreuzungspunkt orientalischer und aegyptischer Cultur, aus Cypern stammen. Mit Recht hat man daran erinnert, dass die steifgehaltene Mähne der Pferde, die übertriebene Hüftenangabe, die ornamentartige Behandlung des Haars, die widernatürliche Verdrehung stehender oder schreitender Figuren in assyrischen Werken Analogien findet. Allein gerade für die letztgenannte Eigenthümlichkeit, welche auch in aegyptischer und etruscischer Kunst sich wiederholt, bleibt noch immer zu untersuchen wie weit die Uebereinstimmung auf die naturgemässe Analogie aller unter gleichen Bedingungen folgerichtig unternommenen Erstlingsversuche zurückzuführen ist. Und entscheidender als äusserliche Aehnlichkeiten treten tiefwurzelnde innere Unterschiede hervor, welche vor Allem zu negativen Vergleichungen verpflichten. Wie die altchristliche Kunst, obschon sie in örtlicher Vereinigung mit antiker und unter ihrer erdrückenden Ueberlegenheit kümmerlich und heimlich nach einer eigenen Sprache suchen musste, für den geübten Blick in jedem Fall sich vollkommen von Römischem unterscheidet, so ist die altgriechische durch den ihr innewohnenden gewaltig neuen Geist der ohne Hemmniss vorbricht, von allem Orientalischen hinweg in die Richtung einer andern Welt getrieben. Aelteren assyrischen Werken gegenüber bezeichnen die selinuntischen Metopen einen formellen Rückschritt. Das quellend Schwülstige ihrer Formen, die durchherrschende Inconsequenz der Verhältnisse sticht ungünstig ab gegen die knappe Durchführung und kanonisch strenge Anlage aegyptischer Sculpturen. Aber in dieser unleugbar grösseren Unvollendung ruhen dennoch die Keime einer höheren Gattung. Unbeirrt durch alles Herkömmliche setzt die Kunst neu ein zu einer völlig verschiedenen Lösung ihrer Aufgabe; frisch, eher keck als ängstlich schaltet sie mit den erworbenen oder übernommenen Elementen und zwingt den geistigen Stoff der Darstellungen mit der naiven Kühnheit kindlichen Wollens in eine eigenartige Sprache. »Wer diese Figuren ersann, dem lag die Mythenwelt der Griechen offen«; er war »geleitet von dem poetischen Genius der Nation, von Idee und Phantasie«⁴).

---

¹) Hittorff recueil des monuments p. 383, 1ᵃ und an anderen Stellen.
²) Julius Braun Geschichte der Kunst II p. 509 folg.
³) Besonders deutlich wenn man den Kopf auf Tafel IV 2 mit einigen von Fröhner antiquités Chypriotes (Paris 1870) photographisch veröffentlichten zusammenhält. — Vergl. Stark arch. Zeitung 1870 p. 75.
⁴) Aus einer schönen Anmerkung Welcker's zu

Noch mehr. In ihrem Stil offenbart sich nicht griechische Art überhaupt, sondern die Art eines bestimmten griechischen Stammes. Obwohl in weitem Rückstand gegen seine schöpferische Aeusserung in der Architectur kann auch ihr plastischer Schmuck den dorischen Charakter nicht verleugnen. In einem trotz aller Zeitunterschiede unverkennbar gemeinsamen Gepräge beruht der letzte Werth der ganzen Serie. Wie sich in frühen Entwickelungsstadien die eigenthümliche Mission der spätern mit einseitiger Schärfe ankündigt, so tritt das dorische Ideal, der gesetzliche Sinn für Totalität, das Gefallen an strenger Tüchtigkeit und Kraft in den ältesten Metopen mit entstellender Derbheit auf. An dieser Uebertreibung mag die Natur des Materials Antheil haben, welches allzufügsam sich fast wie Holz schneiden liess und nicht wie der härtere Marmor die bildnerische Kraft in Zucht nahm. Indessen kehren ähnlich gedrungene Gestalten, primitiv puppenhaft, auf einer altspartanischen Stele[1] wieder; und die Incunabeln der attischen Kunst, selbst der hochalterthümliche Kalbträger der Akropolis[2], an welchem ihre eigenthümlichen Vorzüge noch so wenig in die Augen fallen, dass er an Ort und Stelle in der glänzenden Umgebung späterer Werke fremdartig, wie aus einer andern Provinz stammend dasteht, sind mit einem gewissen Zartgefühl ausgearbeitet, welches den älteren Metopen von Selinunt gänzlich abgeht: mit sichtlichem Bestreben der unvermeidlich harten Grundanlage der Gestalt durch feinere Detailformen ausgleichend nachzuhelfen und mit einer Fülle liebevoll beobachteter Einzelheiten ein gefälligeres Ansehen gleichsam abzuschmeicheln. So ungemilderte Contraste, eine so ehrliche Schroffheit im Aussprechen des Charakteristischen, wie sie die mittleren Metopen zeigen, steht in scharfem Gegensatz gegen jene in den Tiefen der Volksseele wurzelnde Neigung zu sanftem euphemistischem Ausdruck, welche die gesammte Kunst Athens beherrscht. Verborgener, aber wohl erkennbar liegt auch in den jüngsten Metopen die Gränze des dorischen Ideals. Wie sehr dasselbe durch Aneignung anderer Elemente geläutert, von einseitiger Strenge zu maassvollem Ernst gemildert, von derber Kraft zu edler Würde erhoben erscheint; der Schönheit ist eine herbe Sprödigkeit, dem Ausdruck eine gewisse Schwerfälligkeit verblieben, welche nicht der Zeit und dem Talent allein zur Last fällt; die Anmuth fehlt da wo sie nie fehlen darf und wo sie einer andersgearteten Kunst leicht gelingt. Bei einer entsprechenden Vollendung des Nackten würden archaische attische Werke unfehlbar Grazie der weiblichen Form und eine grössere Freiheit in der Entfaltung des Gewandes zeigen; der traditionellen Manier, wo sie beibehalten wäre, würde wie in dem herrlichen Kriophorosrelief[3] ein höherer Reiz von Schönheit, dem Gesicht durch ein glückliches Zusammenspiel von Bewegungen gesteigertes Leben verliehen sein. Attische Figuren sind durchgehends zierlicher organisirt, unmittelbarer empfunden, wie man treffend gesagt hat: liebenswürdiger. Um das Verhältniss durch einen Vergleich zu veranschaulichen: die Reliefs des Heratempels verhalten sich zu dem Parthenonfriese ähnlich wie der Doryphoros des Polyklet[4] zu dem attischen Diskobolen der Sala della biga.

---

[1] Brunn's Abhandlung über die Grundverschiedenheit im Bildungsprincip der griechischen und aegyptischen Kunst, Rhein. Museum N. F. X p. 153—166.

[1] Conze und Michaelis annali d. inst. 1861 tav. d'agg. C. Philologus XIX Taf. 2, Lübke Gesch. der Plastik p. 88 Fig. 29, Overbeck Gesch. der griech. Plastik I² p. 80, Fig. 7.

[2] Conze archäol. Zeit. 1864 p. 169 folg. Taf. 187, Overbeck Gesch. der griech. Plastik I² p. 138, Fig. 20.

[3] von Lützow annali d. inst. 1869 tav. d'agg. I K. Vergl. Gött. gel. Anz. 1871 p. 93.

[4] Friederichs der Doryphoros des Polyklet. Berlin 1863. Wie ich früher nachgewiesen zu haben glaube

Zeitschrift für öst. Gymn. 1869 IV Heft p. 260 folg.!, liegt der Angelpunkt der polykletischen Frage in der Untersuchung über den Doryphoros und Diadumenos. Wenn gleich beide Figuren nicht als zusammengehörig componirt wären, so müssen sie doch durch Grösse, verwandte Anlage und eine gewisse Gegensätzlichkeit des Ausdrucks die Möglichkeit gewährt haben sie als Seitenstücke zu benutzen und zu betrachten: denn nur so wird das Plinianische «diadumenum mollier juvenem et doryphorum viriliter puerum» völlig verständlich. Lassen sich Doryphoros- und Diadumenosstatuen nachweisen, welche diese Anforderung erfüllen, mit Sicherheit auf die Zeit des hohen Styls zurückgehen, in Formen, Proportionen namentlich aber im Typus des Gesichts

Man hat den Abstand dorischer und attischer Plastik grösser haben wollen als er auf dieser Stufe sein kann. Bei durchgehender Uebereinstimmung von Sprache Sitte und Verfassung im griechischen Volk, bei der im Wesentlichen gleich vertheilten Gunst aller Bedingungen künstlerischen Schaffens und dem unermüdlichen Austausch, der im Handel, in Festen und Spielen, in feindlichem und friedlichen Zusammentreffen aller Art zwischen den einzelnen Stämmen stattfand, und von welchem die offenen Geheimnisse der fortschreitenden Kunst nicht ausgeschlossen bleiben konnten, dürfen wir in keinem Sinn Unterschiede erwarten, wie sie unlängst[1] durch einen Hinweis auf den Abstand zwischen Durer und Raphael gefordert worden sind. Naturgemäss müssen sie, je näher dem Höchsten, um so mehr sich verflüchtigen. Die Entwickelungen convergiren nach einer Vollendung die im Unendlichen liegt; aber so lange das Auge sie erreicht, fallen sie noch deutlich auseinander. Auch wo vollkommen gleiche Herrschaft der Form gewonnen ist, bleibt der tiefste Unterschied, die individuelle Stellung zur Aufgabe der Kunst überhaupt, wahrnehmbar. Soweit wir zu urtheilen vermögen, hat die dorische Kunst mit Polyklet das ihr beschiedene Maass erfüllt. Was ein zur Natur wesentlich empfangend sich verhaltender Sinn erreichen kann, harmonische Richtigkeit der Formen, Gesetzmässigkeit edler Verhältnisse, überhaupt die Schönheit des Einfachen Sachgemässen, hat sie durch Ausdauer und Gründlichkeit in Vollendung erreicht, und ist durch diese ihre innerliche Richtung auf das künstlerisch Wahrhaftige das conservirende Element in der weitern Entwicklung der griechischen Kunst geworden. Jene anders geartete Genialität, aus zarter oder gewaltiger Stimmung des Gemuths gleichsam Gestalten einer andern Welt hervorzuzaubern, die aus einer leidenschaftlichen Hingabe in den Genuss des Schauens entspringende Fähigkeit zu entzücken, ist ihr versagt geblieben. Diese unaussprechlich beseelende Kraft, welche sich selbst Gesetz ist und auch in unzureichender, nachlässiger oder selbst incorrecter Form die höchste Wirkung erreicht, bleibt der unwiderstehliche Vorzug alles Attischen.

übereinstimmend sich als Werke einer Schule erweisen, so müsste der wunderbarste Zufall im Spiel sein, wenn diese Statuen nicht polykleisch sein sollten. Jeder Versuch andere Werke des Polyklet in dem erhaltenen Denkmälervorrath nachzuweisen, bildet eine isolirte Schlussreihe, deren Wahrscheinlichkeit hinter der Beweiskraft einer doppelten sich gegenseitig bestätigenden zurückstehen müsste, wenn es gelänge zu den vermuthungsweise auf Polyklet bezogenen Doryphorosfiguren gleichartige Diadumenosfiguren nachzuweisen; die Rechnung wäre gewissermassen durch eine Probe bestätigt. Und diese Probe liegt gegenwärtig, wo Gipsabgüsse des Diadumenos Farnese zur Hand sind, thatsächlich vor. Trotz des verkleinerten Massstabes und der späten oberflächlichen Ausführung, zeigt diese Figur den nämlichen Typus Zug für Zug. Stilistisch bedeutender muss die Madrider Diadumenosstatue sein [Clarac 862F, 2020, Hubner antike Bildwerke in Madrid n. 65], welche mit den Doryphorosfiguren [$1^m, 00$] auch die gleiche Grösse [$1^m, 98$] gemein hat; unter allen erhaltenen Köpfen steht der Steinhäuser'sche dem Original offenbar am nächsten. Ich zweifle nicht dass bei unbefangener Prüfung dieser Thatsache die letzten Zweifel über die Richtigkeit der Zurückführung auf Polyklet schwinden werden.

[1] Conze Beiträge zur Gesch. der griech. Plastik p. 10.

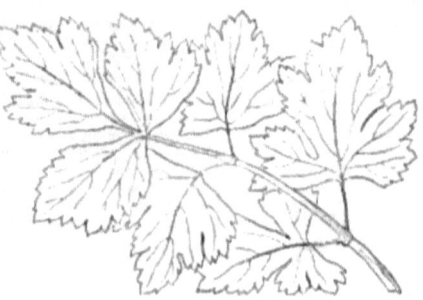

Die Münzen von Selinunt und ihre Typen

Von Dr Imhoof-Blumer

1. AR 5. Gr. 8, 72. Eppichblatt.
   R: Einschlag von sechs vertieften Dreiecken, deren Spitzen sich in einem Mittelpunkte vereinigen. — Meine Sammlung.
2. AR 5. Gr. 8, 50. Gleich, mit einem viereckigen, von sechs vertieften und sechs erhabenen Dreiecken gebildeten Einschlage. M. S.
3. AR 5. Gr. 8, 60—7, 91. Eppichblatt, dessen Stiel sich oft zwischen zwei Punkten befindet.
   R: Vertieftes Viereck mit zehn, meist dreieckigen Feldern, wovon fünf vertiefte. — M. S. — Pinder, die antiken Münzen des kön. Museums, S. 27, No. 153.
4. AR 5. Gr. 8, 58. Eppichblatt.
   R: Vertieftes Viereck, durch zwei diagonale und zwei von der Mitte der Seiten aus gehende Linien, welche sich im Mittelpunkte des Quadrates schneiden, in acht Dreiecke getheilt. — M. S.
4*. AR 4½. Gr. 8, 97. Gleich, mit zwei Punkten neben dem Blattstiel, und je einem Kügelchen in jedem der acht Dreiecke des Einschlages. M. S.

Bemerkenswerth ist dieses Exemplar durch sein hohes Gewicht. Dieselbe Höhe erreichen indessen auch Didrachmen von Agrigent; unter andern wiegt das in meinem »Choix de monnaies grecques« auf Taf. VIII, No. 263 abgebildete Stück Gr. 8, 93. Auch das Gewicht eines Tetradrachmons von Delphi bedingt ein Didrachmon von Gr. 8, 95. (H. de Longpérier, Rev. num. 1869, p. 150.

5. AR 4. Gr. 8, 10. Eppichblatt mit je einem Punkte zu beiden Seiten des Stiels.
   R: Vertieftes Viereck, von vier im Mittelpunkte sich schneidenden Linien in vier dreieckige und vier viereckige Felder getheilt, von denen die ersteren die Form eines Malteserkreuzes bilden. — M. S.

Aehnliche archaische Didrachmen des attischen Systems[1] finden sich beschrieben und theils abgebildet bei Pellerin, Recueil, I, pl. XVI, 1 und 2, — C. Combe, Mus. Hunter, tab. 18, No. 22 und 23, — Pr. Torremuzza, tab. LXVI, No. 13, 14 und 16, — Mionnet, Descr. I,

---

[1] Mommsen, Röm. Münzwesen, S. 68. Anm. 11. Wenn L. Müller die No. 244 und 245 des Catal. Thorwaldsen als aeginaeische Drachmen bezeichnet, so mag dieser Irrthum durch das leichtere Gewicht (Gr. 6, 90) schlecht erhaltener Exemplare veranlasst sein.

p. 285, No. 661—664, pl. XXXIX, 8 und 9 und Suppl. I, p. 424, No. 464, — Leake, Num.
Hell. Ins. Gr. p. 69.
6. AR 5. Gr. 8, 70. Eppichblatt.
R: Eppichblatt in einem verschobenen Quadrate von vier Linien; das Ganze in einem
vertieften Vierecke. — M. S.
7. AR 5. Gr. 8, 28. Eppichblatt.
R: Eppichblatt in einem Vierecke von vier Doppellinien, von denen die äusseren
punktirt sind. Das Ganze in einem vertieften Quadrate. — M. S. — Vergl.
Torremuzza, tab. LXVI, 15.
8. AR 5. Gr. 8, 88. Eppichblatt.
R: ⋎Ǝ Eppichblatt. Vertieftes Viereck. M. S.
 ᴦ ᴵ
9. AR 5. Gr. 8, 45. Gleich, mit ᴵ Ƶ M. S.
 ∧ Ǝ
10. AR 5. Gr. 8, 50. Gleich, mit Ƽ Ɛ; auf dem erhöhten Rande scheint noch Ϻ zu stehen.
 ᴵ ∧ M. S.
11. AR 5. Gr. 8, 15. Gleich, mit Ƽ Ɛ M. S.
 ᴵ ᴦ
Leake, l. c. p. 69, beschreibt ein Exemplar dieser Serie mit Ǝ Ƽ (Gr. 8, 89). Vgl. ferner
Torremuzza, tab. LXVI, 10 und 11, — Mionnet, Descr. 1, p. 285, No. 665.
12. AR 1½. Gr. 7, 20. Eppichblatt.
R: ᴬ Ŀ Grosses rundliches Blatt mit zahlreichen Adern. Vertieftes Quadrat. — M. S.
 ○ ⅃
In den Berliner Blättern 1870, S. 54, wo ich diese Münze veröffentlicht hatte, ist deren
Aufschrift mit ⌐A∨○ statt IA∨○ gegeben. Bei näherer Prüfung der Eckbuchstaben wurde mir
klar, dass der kürzere Schenkel des vermeintlichen ⌐ nur aus der ungeschickten Verlängerung einer
Blattader entstanden, und der horizontale Strich mit dem nicht sehr schön geformten Blattrande
identisch ist. Ob ein dem Rande des Einschlages entlang laufender Strich in Verbindung mit dem
I zu bringen ist, woraus ⅃ entstunde, bleibt ungewiss. Eine Deutung der Aufschrift, die auf verschiedene Arten rechtläufig und rückläufig gelesen werden kann, will ich um so weniger versuchen,
als die Münze, deren Stil etwas roh und deren Gewicht gering ist, nur eine ungeschickte Nachbildung der selinuntischen Didrachmen sein könnte.
13. AR 1. Gr. 0, 70. Eppichblatt.
R: Eppichblatt in einem Perlenkreise; das Ganze in einer runden Vertiefung. — M. S.
14. AR 1. Gleich, ohne Vertiefung. — M. S.
15. AR 1. Gr. 0, 61. Gleich; das Blatt der Ks. ist von drei Kreislinien umschlossen, von
denen die mittlere punktirt ist. — M. S.
16. AR 1. Gr. 0, 52. Eppichblatt.
R: Eine Blüthe. — M. S.
Diese kleinen Theilmünzen scheinen unedirt zu sein; das Gewicht von No. 13 entspricht
demjenigen eines attischen Obolos.
17. AR 7½. Gr. 17, 05. ΣΕΛΙΝΟΣ Der gehörnte Flussgott Selinus, nackt und linkshin
stehend, hält in der linken Hand einen Zweig, als Symbol der Reinigung, und
in der Rechten eine Opferschale über einen bekränzten Altar mit giebelförmigem
Aufsatz, neben welchem ein Hahn linkshin steht. Hinter dem Flussgotte steht

auf einem Postamente das Bild eines Stieres linkshin; darüber im Felde, ein Eppichblatt.

R: ⸢OITMOMIΛƆ⸣ Apollon und Artemis auf einer linkshin schreitenden Quadriga, der erstere einen Pfeil abschiessend, die letztere, im Vordergrunde, die Zügel führend. — M. S. — Ferner in Torremuzza's Auct. I, tab. VI, 1; — Mus. Hunter, p. 268, No. 4 und 5, Gr. 17, 30 und 17, 54; — Mionnet, Descr. I, 287, 674, Gr. 17, 07, mit ꟾOITOꟾΛƆꟾ; — Duc de Luynes, Choix de méd. gr. pl. VI, 12; — Cat. Th. Thomas, No. 501, Gr. 17, 03; — W. W. Lloyd, Num. Chron. X (1847, 48) pl. I, 2; — Cat. Thorwaldsen, p. 37, No. 246; Salinas, Rassegna archeol. Siciliana 1871, No. 3, mit ϹΕΛΙΝΟϹ.

18. AR 7½. Gr. 17, 36. Gleich, mit der Aufschrift ϹΕΛΙΝΟΝΤ / ΗΟΙ auf der Ks. — Mionnet, Descr. I, 286, 673; — ferner in Pellerin's Recueil, III, pl. CXI, 60; — Torrem. tab. LXV, 5; — C. O. Müller-Oesterley, Denkmäler der alten Kunst, S. 23, Taf. XLII, 194.

19. AR 7. Gr. 17, 73. ϹΕΛΙΝΟΝΤΙΟΝ Der Flussgott Selinus, nackt und ungehörnt, steht etwas linkshin gewendet. In der gesenkten Linken hält er einen buschigen Zweig, in der ausgestreckten Rechten eine Opferschale über den flammenden Altar, auf dessen Basis ein Hahn linkshin steht. Hinter dem Flussgotte befindet sich auf einem Untersatze das Bild eines nach l. stossenden Stiers; darüber, ein Eppichblatt. Der Boden ist mit Steinen bedeckt.

R: Apollon und Artemis rechtshin in einem langsam fahrenden Viergespann, wie oben; im Abschnitte, ein Weizenkorn. — M. S. — Torrem. tav. LXV, 6? und Leake, Num. Hell. Suppl. p. 171, Gr. 17, 46.

19ᵃ. AR 7½. Gr. 17, 15. Gleich; über der Stirn des Flussgottes sind zwei kleine Hörner sichtbar.
M. S.

Das Korn deutet auf den reichen Getreideertrag des selinuntischen Gebietes. (Theophr. de caus. pl. III, 21, 2.)

20. AR 7½. Gr. 17, 27. Aehnlich der vorigen Hs.; das Postament des stossenden Stieres ist bekränzt; unter dem rechten Fusse des Flussgottes befindet sich ein Fisch, und im Felde rechts, über dem Eppichblatte eine kleine Votivtafel, welche an dem Zweige des Flussgottes zu hängen scheint. Auf der Votivtafel ist das Bild einer menschlichen nach links eilenden Figur angebracht.

R: Aehnlich der vorigen Ks.; über der Quadriga, ein Kranz; unter den Pferden, der Buchstab H, und im Abschnitte, ein länglicher Seekrebs (Kammaros). — M. S. und Pinder, die antiken Münzen des K. Museums, No. 154, Gr. 17, 46, dessen Kehrseite mit derjenigen meines Exemplars identischen Stempels ist. Vergl. Torrem. tab. LXV, 7.

Aehnliche Votivtafeln mit kleinen Figuren, wie die vorstehende Tetradrachmon eine zeigt, sind unter Anderm aus Denkmälern bekannt, welche Opferscenen darstellen, vergl. Otto Benndorf griechische und sicilische Vasenbilder p. 9 folg.

21. AR 7. Gr. 17, 21. Ohne Aufschrift. Der Selinus, etwas links gewendet, hält in der Linken einen einfachen Zweig, und in der Rechten eine Opferschale. Neben dem flammenden Altar steht ein Hahn linkshin. Das Postament mit dem linkshin stossenden Stiere ist bekränzt. Im Felde, ein Eppichblatt.

R: ΣΕΛΙΝΟΝΤΙΟΝ im Abschnitt, nebst einer Aehre darunter. Rechtshin springendes Viergespann mit Lenker; darüber, ein Siegeskranz. — Torrem. tab. LXV, 1; — Mionnet, Descr. I, 286, 672; — Cat. Northwick, No. 329.

22. AR 7½. Gr. 17, 28. ΣΕΛΙΝΟΝΤΙΟΝ Selinus halb nackt, linkshin stehend, stützt die Linke an einen hohen aufrechten Zweig, hält mit der Rechten eine Opferschale über einen giebelförmigen Altar, vor welchem ein Hahn links steht. Hinter dem Flussgotte, das Bild eines links stehenden Stieres auf schmuckloser Basis; darüber, ein Eppichblatt.
R: Gleich der Ks. No. 19. — M. S. — Vgl. Torrem. tab. LXV, 10 und Mus. Hunter, tab. 48, 24, Gr. 16, 69; auf beiden Exemplaren ist das Weizenkorn irrig als Fisch abgebildet.

23. AR 8. Gr. 16, 50 (vernutzt). Gleich, nur steht der Hahn rechtshin. — M. S. — Vergl. Torrem. tab. LXV, 11.

Andere ähnliche Tetradrachmen mit geringen Abweichungen in den Details der Darstellung finden sich noch bei Mionnet, Descr. I, 287, No. 676 und 677, und bei Torremuzza, tab. LXV, 2, 3, 8 und 9; ich übergehe dieselben wegen der unvollständigen Beschreibung des ersteren und der Unzuverlässigkeit der Abbildungen des letztern.

24. AR 6. Gr. 8, 48. HVΨAΣ Der gehörnte Flussgott Hypsas, nackt und etwas linkshin stehend, hält in der gesenkten Linken einen abwärts gerichteten Zweig, und in der vorgestreckten Rechten eine Opferschale über einen Altar. Dieser steht auf zwei Stufen und hat einen giebelförmigen Aufsatz; um ihn herum windet sich eine Schlange. Hinter dem Flussgotte schreitet ein Sumpfvogel rechtshin; darüber, im Felde, ein Eppichblatt.
R: ΝΟΙΤΝΟΝΙΛΞΞ Herakles nackt, mit der Linken einen rechtshin springenden Stier am Horne fassend, und mit der Keule in der Rechten zum Schlage ausholend. — M. S. — Torremuzza, tab. LXV, No. 12—16. schlechte und unzuverlässige Abbildungen.; — Mus. Hunter, tab. 48, 25, p. 268, Gr. 8, 39, mit ΣΕΛΙ/ΝΟΙΤΝΟΝ; — Mionnet, Descr. I, 287, Nr. 678—680; — Lloyd, Num. Chron. X, p. 108, pl. VII, 1, irrig mit ΣΕΛΙ/ΝΟΤΟΝ; — L. Muller, Cat. Thorwaldsen, p. 37, No. 247; — Leake, Num. Hell. Ins. Gr. p. 69, Gr. 8, 24 und 7, 85 mit ΣΕΛΙΝΟΝΤΙΟΝ? und Suppl. p. 170, Gr. 8, 17.

25. AR 6. Gr. 8, 46. Gleich, mit der Aufschrift ΣΕΛΙΝΟΝΤΙΟΣ — Pinder, die ant. Mzn. des kön. Museums, No. 155.

26. AR 6. Gr. 8, 40. Gleich, mit den Aufschriften VΨAΣ und ΝΟΙΤΝΟΝΙΛΞΞ — M. S.

27. AR 6½. Gr. 8, 78. Gleich, mit der Aufschrift VΨAΣ; das kleine Horn fehlt am Kopfe des Hypsas, in der Linken hält dieser einen Zweig mit drei Blätterbüscheln, ebenfalls abwärts gekehrt, und das Eppichblatt im Felde ist durch einen Löwenkopf von vorn ersetzt. — M. S.

Der Löwenkopf lässt sich vielleicht auf die seluntinischen Quellen beziehen, da er auf andern Münzen oft als Symbol für Brunnen und Quellen vorkömmt.

28. AR 6. Gr. 7, 40 (vernutzt). ΣΕΛΙΝΟΝΤΙΟΝ Hypsas nackt und etwas linkshin stehend, hält in der Linken einen langen, oben belaubten und unten den Boden berührenden Zweig, in der Rechten eine Opferschale über einen zweistufigen Altar, vor

welchem sich eine Schlange emporrichtet. Hinter dem Flussgotte, der rechtshin wegschreitende Sumpfvogel und das Eppichblatt.

R: Gleich, ohne Aufschrift. — M. S. — Vgl. Torrem. tab. LXV, 17.

Ein ganz ähnliches ächtes Didrachmon meiner Sammlung trägt die Aufschrift ΣΟΛΟΝΤΙΝΟΝ, und scheint demnach in Solunt geprägt worden zu sein. S. Berliner Blätter 1870, Tafel LIV, 20.

29. Im Bullettino della Commissione di antichità e belle arti di Sicilia, 1871, No. 4, p. 7, wird von meinem Freunde Dr. A. Holm über eine selinuntische Drachme berichtet, welche Prof. A. Salinas zu publiciren gedenkt. Sie ist mit dem gehörnten Haupte des Selinus geprägt, und soll den Namen eines selinuntischen Tyrannen tragen.

30. AR 2½. Gr. 1, 79. Bärtiger Kopf des Herakles rechtshin, mit der Löwenkopfhaut bedeckt.
R: ΣΕΛΙΝΟΝΤΙΟΝ im Abschnitt. Linkshin eilendes Viergespann mit seinem Lenker. Im Felde, über den Pferdeköpfen, ein Eppichblatt. — M. S. — Torremuzza, tab. LXVI, 1; — Mionnet, Descr. I, 286, 670; — T. Combe, Mus. Brit. p. 76, 3, Gr. 1, 89.

31. AR 3. Gr. 1, 70. Gleich, mit dem unbärtigen Herakleskopf von vorn, etwas linkshin gewendet. — M. S. — Torrem. tab. LXVI, 2 und 3; — Mionnet, l. c. No. 671; — Mus. Hunter, tab. 48, 26, p. 269, 8, Gr. 1, 75.

32. AR 2. Gr. 0,70. Linkshin sitzende weibliche Figur, deren Haupt mit einer Sphendone oder einem Kekryphalos geschmückt ist. Ihre vorgestreckte Rechte legt sie an den Leib einer vor ihr aufgerichteten und gegen ihre Brust andringenden Schlange, und mit der rückwärts erhobenen Linken hält sie das Ende ihres dünnen Gewandes schleierartig über das eigene Haupt. Im Felde, links oben, ein Eppichblatt.
R: ΣΕΛΙΝΟΣ Rechtshin stehender Stier mit bärtigem Menschengesichte. Im Abschnitte, ein Fisch, von einem runden Einschlage, welcher einen jugendlichen Kopf enthält, überprägt. — M. S. — Eckhel, Doctr. I, tab. IV, 4.

Das Bild des Einschlages ist vielleicht das nämliche welches der Hauptseite der Kupfermünze No. 37 als Typus dient.

33. AR 2. Gr. 0,66. Gleich, ohne den Einschlag. — M. S. — Pellerin, Recueil, III, pl. CXI, 61, mit ΣΕΛΙΝΟΝΤΙΟΝ; — Torrem. tab. LXVI, 6 und 7; — Mionnet, Descr. I, 285, 666; — Mus. Hunter, tab. 48, 27, Gr. 0,68; — Fr. Streber, Ueber den Stier mit dem Menschengesichte, 1836, S. 504, Taf. No. 8; — Lloyd, Num. Chron. X. p. 116, plate, No. 2, (diese Abbildung in stark vergrössertem Massstabe scheint mir keinen Anspruch auf Zuverlässigkeit zu haben); — Leake, Num. Hell. Ins. Gr. p. 69, Gr. 0,66 und 0,60.

34. AR 2. Gr. 0,71. Gleich; nur hält die Frau ihre linke Hand an die rechte Brust, gegen welche sich der Kopf der Schlange richtet; auch fehlt das Eppichblatt.
R: ΣΕΛ-ΙΝΟ-Ν-ΤΙΟΝ Stier mit bärtigem Menschengesichte rechtshin stehend; darüber, ein Eppichblatt. — M. S. — Mus. Hunter, p. 269, No. 10, Gr. 0,71; — vgl. Gessner, tab. LX, 4 und Torrem. tab. LXVI, 9, beide Abbildungen in der Hs. unexakt.

35. AR 2. Gr. 0,80. Gleich, mit dem Blatte vor den Füssen des Stiers. — M. S. — Torrem. tab. LXVI, 8 (unexakt); — Leake, l. c. Gr. 0,63.

36. AR 2. Gr. 0,68. Hs. gleich der vorigen.

R: ϹΕΛΙΝΟΕΣ über einem rechtshin springenden Stiere mit Menschengesicht. — M. S. — Mionnet, Descr. I, 285, 667; — F. Streber, l. c. S. 504, Taf. Nr. 9. Die beiden auf Torremuzza's Tafel LXVI als No. 4 und 5 irrig mit selinuntischen Aufschriften abgebildeten Silberobolen[1] sind nicht von Selinus, sondern von Gela und Eryx.

Als selinuntisches Silbergeld sind noch bemerkenswerth die Himeresischen Silberlitren, welche, mit einem kleinen Sellerieblatte als Contremarke überprägt[2], von Salinas (Di alcune monete Imeresi, Nuove memorie dell' Istituto di corresp. archeol. 1865 besprochen worden sind. Ohne Zweifel gehören diese Münzchen zu den letzten Prägungen der Stadt Himera vor ihrer Zerstörung 409 v. Chr. und sind ungefähr gleichzeitig mit dem selinuntischen Kleinsilber geschlagen worden, was auch aus den beidseitigen Buchstaben- und Aufschriftformen ϹΕΛΙΝΟΝΤΙΟΝ und ΙΜΕΡΑΙΟΝ hervorgeht. Salinas ist der Ansicht, dass die tausend Himereser, welche Hermokrates, einige Monate nach der Zerstörung der beiden Städte, mit sich nach Selinunt zur Wiederherstellung dieser verödeten Stadt nahm, noch eigenes Geld ihrer Vaterstadt mitführten, und dass dasselbe sodann von den neuen Bewohnern Selinunt's mit dem Zeichen dieser Stadt gestempelt wurde.

Von Selinunt waren bis vor Kurzem nur Silbermünzen bekannt geworden, ein Umstand, welcher mit der frühen Zerstörung der Stadt, 409 v. Chr., leicht in Uebereinstimmung zu bringen war. In dem nächstens erscheinenden Cataloge der Sammlung Pennisi, auf Tafel XI, 17, wird indess Salinas auch eine Kupfermünze veröffentlichen, welche

37. einerseits einen jugendlichen männlichen Kopf,

anderseits ein Eppichblatt und drei Kügelchen (als Werthzeichen) zeigt[3]. Eine ähnliche Münze ist bereits in Münteri Auct. Siciliae numismaticae, S. 197, Selinunt zugeschrieben worden:

38. AE 5. Caput virile ad sin. R: Apii folium.

Nachdem aber Münter dieses Stück als Bronzemünze bezeichnet hatte, fügte er die seltsame Notiz bei, dasselbe sei aus ganz geringem Silber (ex minimo argento percussus) geschlagen. Da ich verschiedene sicilische Kupfermünzen besitze (aus der Fischer'schen Sammlung von Palermo) welche die deutlichen Spuren einer modernen Versilberung an sich tragen, und dadurch ein Aussehen von Potinmünzen bekommen haben, so ist es leicht denkbar, dass das Münter'sche Stück sein unnatürliches Aussehen derselben Ursache verdankte, wie jene Münzen, und es in der That eine wirkliche Kupfermünze war. — Was die Prägepoche der beiden letzten Stücke No. 37 u. 38 betrifft, so kann dieselbe aus deren blossen Beschreibungen nicht fixirt werden; entweder sind sie denjenigen alten Kupferprägungen zuzuzählen, welche in Sicilien und Grossgriechenland noch vor Einführung des Euklidischen Alphabets vereinzelt stattgefunden haben[4], — oder sie gehören der zweiten Periode der selinuntischen Geschichte an[5]).

Schliesslich ist noch einer Kupfermünze

39. Hs. Selinusblatt,

R: Vertieftes Viereck mit unregelmässigen Feldern,

zu gedenken, welche Torremuzza (Taf. LXVI, 16) und Giov. Pacetto (Ricordi archeologici di un viaggio eseguito sul territorio di Scicli, Ragusa 1872, p. 26 bekannt gemacht haben. Da ich kein

---

[1] Eckhel, Doctr. I, p. 244 und Mionnet, Descr. I, 246, 669.
[2] Torrem. Auct. II, tab. III, 5.
[3] Nach einer Mittheilung Holm's im angeführten Bullettino. — Diesem Freunde habe ich auch die Kenntniss der folgenden Münter'schen Münze zu verdanken.
[4] Mommsen, Röm. Münzwesen S. 113, Anm. 63.

[5] Ob die anepigraphischen Kupfermünzen, Torrem. tab. XXXVII, 9, — Mionnet, Descr. I, 244, 274, — Berl. Blätter, 1870, S. 54, 17 (wo die Beschreibung der Ks. — Herakles — ausgefallen ist), und Cat. Sant-Angelo 6320, — nach Selinunt oder Himera zu weisen sind, vermag ich nicht zu entscheiden, da mir noch keine gut erhaltenen Exemplare unter die Augen gekommen sind.

Original dieser, den Didrachmen No. 1—5 ganz ähnlichen Kupfermünzen gesehen habe, so muss ich mich begnügen, die blosse Vermuthung auszusprechen, dass die seltenen Exemplare derselben nichts anderes als subärate Didrachmen gewesen seien, deren dünne Silberhülle sich bereits von dem unedlen Metalle abgelöst hat. Beispiele solcher Fälschungen im beschriebenen Zustande sind mir schon mehrmals vorgekommen, und zwar bei sehr alten Prägungen, z. B. bei einem Didrachmon von Kaulonia der frühesten Epoche.

Wenn ich der vorstehenden Zusammenstellung mir bekannter selinuntischer Münzen Bemerkungen über ihre Darstellungen folgen lasse, so kann dies nicht mit der Absicht einer erschöpfenden Behandlung geschehen, da Prof. Antonino Salinas in Palermo im Begriffe steht, in seinen, die gesammte sicilische Münzkunde umfassenden, mit zahlreichen trefflichen Abbildungen ausgestatteten Werken «Le monete delle antiche città di Sicilia» und dem schon angeführten Cataloge der Sammlung Pennisi, die selinuntische Numismatik vollständiger, und mit grösserer Sachkenntniss zu behandeln, als ich vermöchte. Ich will daher nicht versuchen, seinen ausführlichen Untersuchungen durch bestimmte Vorschläge vorzugreifen, sondern begnüge mich die mir bekannten Deutungen anzuführen, und hin und wieder mit kurzen Bemerkungen zu begleiten.

Wie der Apfel μῆλον für Melos, der Hahn als Symbol der ἡμέρα für Himera, Pan für Pandosia und Pantikapaion, der βοῦς θούριος für Thurion, die Ziege für Aigiai, der Krebs für Astakos, der Fuchs für Alopekonnesos, Taras für Tarent, etc. etc. — so ist das Selinon- oder Eppichblatt, welches das unabänderliche Bild der ältesten, aus dem 6. und dem Anfange des 5. Jahrhunderts v. Chr. datirenden selinuntischen Münzen ist, und fast eben so beständig in der jüngern Serie als Beizeichen vorkommt, sprechendes Emblem der Stadt Selinus[1]. Vermuthlich ist ein Blatt des wilden Sellerie oder Sumpfsellerie ἑλειοσέλινον, apium graveolens gemeint, welcher in den der Stadt benachbarten feuchten Niederungen vortrefflich gedeihen konnte, wie er noch jetzt an den Ufern des Selinusflusses anzutreffen ist; auch stimmt die Blattform desselben mit derjenigen, welche auf den sorgfältiger geschnittenen Münzen zu sehen ist, genau überein. Der auf der Kehrseite von No. 16 abgebildete Gegenstand soll wohl, in Abwechslung des einförmigen Typus, die Blüthe oder Frucht der Pflanze vorstellen, in welchem Falle indessen die Naturwahrheit ausser Acht gelassen wäre. Unwahrscheinlich ist die Ansicht Göttling's[2], der Name Eppichstadt erkläre sich durch das Interesse, welches die Mutterstadt Selinunt's, das sicilische Megara, an den Isthmischen Spielen hatte, deren Siegespreis in einem Eppichblatte bestand.

Die Tetradrachmen und Didrachmen der zweiten Epoche auf denen die Flussgötter Selinus und Hypsas, Apollo und Artemis, und Herakles im Kampfe mit dem Stiere erscheinen, sind bereits Gegenstand häufiger Besprechung gewesen[3].

---

[1] Dies beweist auch Plutarch (Pyth. orac. 12) durch die Nachricht, dass die Selinuntier ein goldenes σέλινον als Symbol ihrer Stadt dem delphischen Apollo gesandt hatten. Ueber die Pflanze selbst, deren Vorkommen, Verwendung und Bedeutung im Alterthume, vergl. Lenz, Botanik der alten Griechen und Römer, unter Apium und Sellerie. — A. Holm, Gesch. Siciliens im Alterthume I, S. 394. — Eckhel, Doctr. I. 236. 2. Reinganum, Selnus und sein Gebiet, 1827, S. 61/3 und 168 9. W. Brunet de Presle, Recherches sur les etablissements des Grecs en Sicile, p. 96 etc. etc.

[2] Gesammelte Abhandlungen II. S. 83 und 84.

[3] Ich verweise hiefür auf Eckhel, Doctr. I. p. 239 und 240; Reinganum, S. 151 ff. 170 ff. mit sehr ungenauen Abbildungen; K. O. Müller, Denkmäler der alten Kunst. No. 194 und Annali dell' Instituto 1835. p. 263. Cavedoni, Spicilegio, p. 29. W. W. Lloyd, Num. Chron. X. p. 7 und 108; L. Müller, Musée Thorwaldsen, p. 37, note 2; Em. Braun, Annali dell' Inst. 1844. p. 145, tav. B, 1. E. Curtius, Archäol. Zeitung 1860. S. 37 39 und A. Holm, Bullettino I. c. p. 7.

Gewiss ist man mit Ernst Curtius berechtigt, zwischen diesen verschiedenen Münzbildern einen innern Zusammenhang vorauszusetzen, und ein solcher ergibt sich in der einfachsten Weise, ohne dass man fernliegende Mythen herbeizuziehen genöthigt wäre, aus einer wichtigen Begebenheit der einheimischen Stadtgeschichte. Braun hatte zwar, dieser Auffassung entgegen, die Jünglingsgestalt der Tetradrachmen als einen Kämpfer, den Hahn und den Stier derselben als auf Kampfspiele bezügliche Gegenstände erklärt. So viel mir bekannt, ist diese Deutung aber ganz vereinzelt geblieben; wie irrig sie ist, beweisen nicht nur diejenigen Exemplare der betreffenden Münzen, welche über der mit dem Kennzeichen eines Flussgottes, d. h. mit kleinen Hörnern versehenen Jünglingsfigur, die Aufschrift ΣΕΛΙΝΟΣ tragen, sondern auch die im Bilde ganz ähnlichen Didrachmen mit dem Hypsas, über welchem man statt dem Flussnamen Selinus denjenigen des ΗΥΨΑΣ liest, und neben welchem sich statt Hahn und Stier, Schlange und Vogel befinden. Die Symbolik aller vier Münzbilder bezieht sich auf ein und dasselbe Ereigniss, nämlich auf die dem Empedocles zugeschriebene Entsumpfung des Stadtgebietes durch Regulirung ihrer Gewässer. Im Gegensatze zu den friedlichen Opferscenen der Hauptseiten, stehen auf den Kehrseiten die Darstellungen vorangegangenen Kampfes. Im Stiere bekämpft Herakles die verderbliche Wasserkraft, während mit seinen Pfeilen Apoll die durch stagnirende Gewässer entstandene Pest verscheucht. Nach der Befreiung ihres Gebietes von Sumpf und Seuche, bringen die Flussgötter Selinus und Hypsas Dankopfer an den durch einen Hahn oder eine Schlange bezeichneten Altären des Asklepios oder der Hygieia. Die Veranlassung und der Sinn dieser Opfer sind in klarer Weise durch den Sumpfvogel und den geweihten Stier ausgedrückt; jener eilt vom Hypsas hinweg, da er nach Austrocknung der Sümpfe seinen Unterhalt nicht mehr findet[1]; der hinter dem Selinus angebrachte, durch einen bekränzten Untersatz als Weihgeschenk bezeichnete Stier, dessen Bild meist stossend erscheint, dient zur Erinnerung an den frühern, nun glücklich überwundenen Zustand, den verderbliche Ueberfluthungen hervorgerufen hatten[2]. Diese, durch ihre Gegensätze sich auf die natürlichste Weise ergänzende Auffassung, welcher in der Hauptsache schon Ernst Curtius Ausdruck gegeben hat, dünkt mich unter den vielen Deutungsversuchen den meisten Anspruch auf Wahrscheinlichkeit zu haben.

Die im Felde der Münzen vorkommenden Beizeichen erklären sich von selbst, oder sind schon bei den Beschreibungen kurz besprochen worden. Auch die Quadriga der No. 21, 30 und 31, und die Heraklestypen der beiden Triobolen, bedürfen keiner speziellen Deutung: denn der Heraklestkult ist für Selinus constatirt, und gleich andern angesehenen sicilischen Städten, hat ohne Zweifel auch Selinus an den Festspielen und Wagenrennen zu Olympia Theil genommen[3], und seine siegreichen Viergespanne auf den Münzen verherrlicht.

Schwieriger als die vorgehenden, sind die beiden Typen der kleinen Silbermünzen No. 32—36, und ihr Zusammenhang zu erklären, die weibliche Figur mit der Schlange, und der stehende oder springende Stier mit dem Menschengesichte. Eckhel, Fr. Creuzer[4], Fr. Streber und E. Gerhard[5] stimmten darin miteinander überein, dass die sitzende Frau die von Zeus in Gestalt einer Schlange beschlichene Persephone, der Stier aber den aus dieser Verbindung erzeugten Dionysos-Zagreus

---

[1] Stephani compte-rendu 1865, p. 136 erkennt in diesem Vogel einen Kranich, dessen Aufenthalt an den Ufern der Flüsse in gleicher Weise auch auf Münzen von Gela (Torremuzza num. Sicil. Tab. 32, 2), der Kampaner (bull. Nap. nuova ser. Tom. I. tav. 4, 8) und vielleicht auch auf Münzen von Katana Torremuzza Num. Sicil. Tab. 21, 4) ausgedrückt sei.

[2] Vgl. J. Schubring, Topographie der Stadt Selinus, 1867, S. 16—18.

[3] Vgl. Imhoof, die Flügelgestalten der Athena und Nike, 1871, S. 25; Schubring, l. c. S. 25.

[4] Creuzer, Heidelb. Jahrb. 1836 p. 362 nach Nonnus Dionys. V, v. 564 folg.

[5] Gerhard, Agathodämon und Bona Dea, Ann. 86.

vorstelle. — Lloyd[1] dagegen wollte im Stierbilde sowohl als in der Schlange den Achelous erkennen, der sich unter der letztern Form der widerstrebenden Dejanira nähere. Die gewöhnlichste Deutung endlich geht auf die Hygieia, welche, nach der Beschreibung eines Exemplars der Sammlung Santangelo, No. 8319, der Schlange eine Schale hinreiche. So verlockend aber diese Beschreibung für unbedenkliche Annahme der zuletzt angeführten Deutung wirken mag, so muss ich leider doch eine Täuschung dabei vermuthen; denn was der Verfasser des Catalogs für eine Schale halten mochte, wird sich bei näherer Prüfung des Originals wohl nur als die rechte Brust der Frau herausstellen, an welche diese ihre rechte Hand presst. In der Darstellung (No. 32 und 33) wo die nämliche weibliche Figur die Enden ihres Obergewandes über dem eigenen Haupte emporhält, ist ihr auch keine Schale als Attribut beigegeben. Nach genauer Prüfung all' der verschiedenen Originale, welche ich von den betreffenden Münzen besitze und anderswo gesehen, scheint mir so viel sicher, dass die sitzende Frau ihre vorgestreckte offene rechte Hand an den vor ihr emporgerichteten Leib der Schlange legt, mehr um das ungestüme Andringen des Thieres zu besänftigen, als abzuwehren.

Am liebsten würde man wohl dem Stiere und der Frau die nämliche Bedeutung wie den Bildern der grossen Silbermünzen beilegen, und in dem erstern die Verderben erzeugende Kraft, in der letztern dagegen die Gesundheitsgöttin erblicken. Gegen eine derartige Deutung geben aber beide Typen durch ihre eigenthümliche und verschiedene Darstellungsweise zu vielen und begründeten Einwendungen Veranlassung; zudem scheinen die fraglichen Obolen den spätesten Prägungen Selinunt's vor dem Jahre 409, einzelne sogar vielleicht der zweiten Epoche der Stadt anzugehören, so dass gar wohl an die Wahl von Münzbildern aus einem ganz neuen Ideenkreis gedacht werden kann. In diesem Falle bliebe Eckhel's Erklärung der Frau als Persephone und des Stieres mit Menschengesicht als Dionysos die wahrscheinlichste[2].

[1] Num. Chron. X. p. 116.
[2] Der Dionysoskult der Selinuntier ist aus Paus. VI. 19, 10 nachweisbar; Persephone's Verehrung war aber bekanntlich durch ganz Sicilien verbreitet.

Winterthur, 10. März 1872.

Verzeichniss der Abbildungen

Tafel	I	Perseus und Medusa, Metope vom Apollon-tempel C . . . . p. 44
»	II	Herakles und die Kerkopen, ebendaher . . . . p. 45
»	III	Viergespann, Centralmetope, ebendaher . . . . p. 47
»	IV	1ᵃ) 1ᵇ) Zwei Fragmente der nordöstlichsten Metope, ebendaher . . . . p. 49
		2) Bruchstück einer Metope, ebendaher . . . . p. 50
»	V	Eine Göttin (Athene? Artemis?) im Gigantenkampf, halbe Metope vom Tempel F . . . . . . p. 50
»	VI	Ein Gott (Dionysos?) im Gigantenkampf, halbe Metope, ebendaher . . . . p. 52
»	VII	Herakles im Kampf mit der Amazone, Metope aus dem Pronaos des Heraion (Tempel E) . . . . p. 53
»	VIII	Zeus und Hera, Centralmetope, ebendaher . . . . p. 54
»	IX	Artemis und Aktaion, ebendaher . . . . p. 56
»	X	Athene im Gigantenkampf, aus dem Posticum des Heraion . . . . p. 58
»	XI	1) 2) 3) 5) Metopenfragmente, 1) aus dem Pronaos, die übrigen aus dem Posticum des Heraion
		4) colossaler Kopf von Tuf aus der Cella des Heraion . . . . p. 66
»	XII und XIII Grundrisse der Tempel, architectonische Details, Pläne der Stadt und ihrer Umgebung

Vignette auf Seite	6	Eppichblatt aus dem Thal des Selinus
»	» 15	Nereiden mit den Waffen des Achilles, Terracottarelief einer Vase, gefunden auf der nördlichen Terrasse des westlichen Höhenrückens von Selinunt
»	» 19	Torso von Tuf, aus dem Apollonion (Tempel G), nach einer von Cavallari veröffentlichten Photographie
»	» 26	Profile der Selinuntischen Säulencapitelle; D C F F A nach Hittorff, G G nach Cavallari
»	» 38	Restaurirte Ansicht der Ostseite des Tempels C, nach Hittorff
»	» 54	Detailskizze zu der Figur des Herakles auf Tafel VII

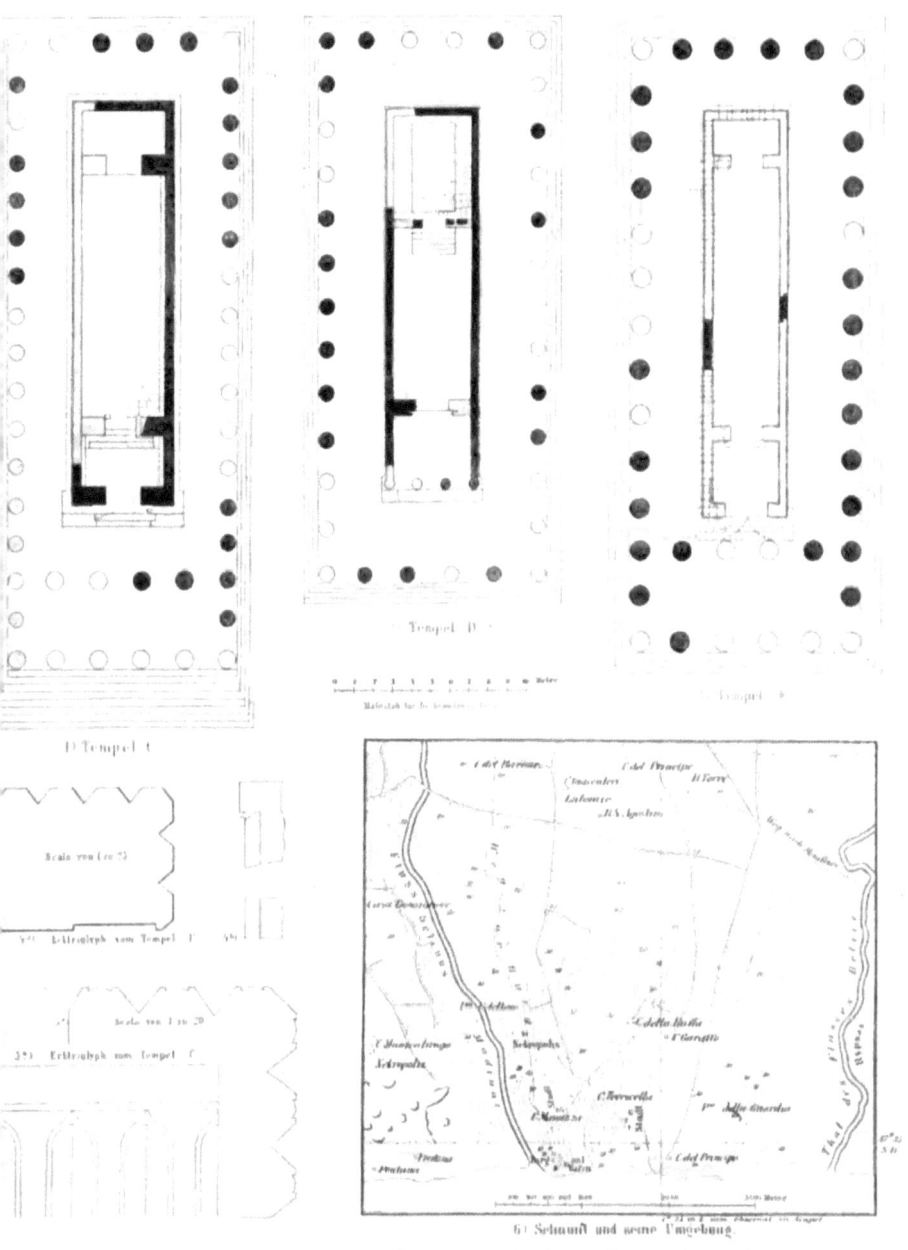

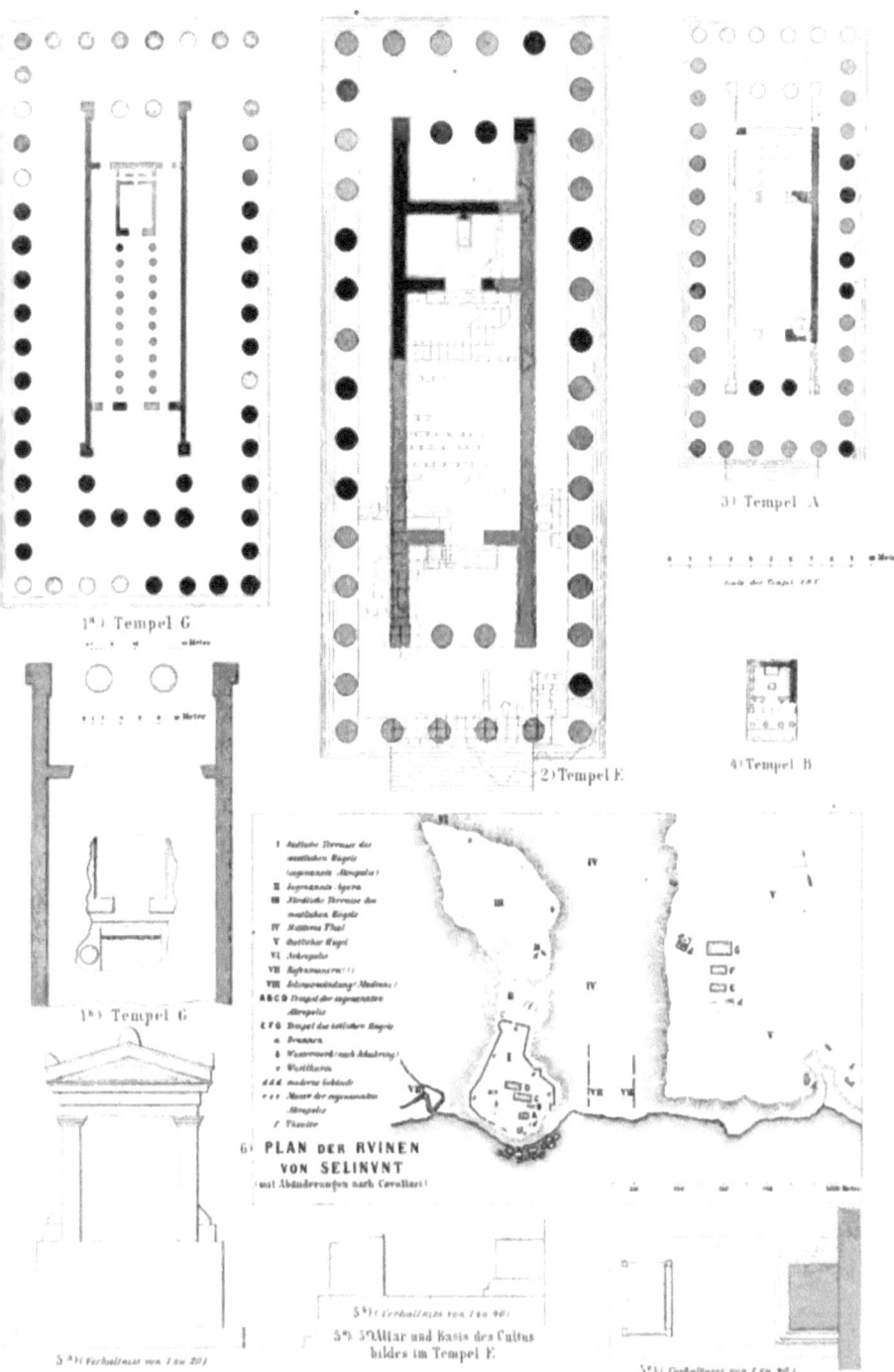

www.ingramcontent.com/pod-product-compliance
Lightning Source LLC
Chambersburg PA
CBHW030408170426
43202CB00010B/1534